本著作为北京哲学社会科学首都商贸发展研究基地的研究成果

中国社会个体化对居民商业保险购买行为的影响研究

高立飞　著

中国财经出版传媒集团

经济科学出版社
Economic Science Press

图书在版编目（CIP）数据

中国社会个体化对居民商业保险购买行为的影响研究/
高立飞著 . -- 北京：经济科学出版社，2023.1
ISBN 978 - 7 - 5218 - 3995 - 1

Ⅰ.①中… Ⅱ.①高… Ⅲ.①居民 - 商业保险 - 购买
行为 - 研究 - 中国 Ⅳ.①F842.5

中国版本图书馆 CIP 数据核字（2022）第 167031 号

责任编辑：程辛宁
责任校对：徐　昕
责任印制：张佳裕

中国社会个体化对居民商业保险购买行为的影响研究
高立飞　著
经济科学出版社出版、发行　新华书店经销
社址：北京市海淀区阜成路甲 28 号　邮编：100142
总编部电话：010 - 88191217　发行部电话：010 - 88191522
网址：www. esp. com. cn
电子邮箱：esp@ esp. com. cn
天猫网店：经济科学出版社旗舰店
网址：http：//jjkxcbs. tmall. com
北京季蜂印刷有限公司印装
710×1000　16 开　12.5 印张　190000 字
2023 年 1 月第 1 版　2023 年 1 月第 1 次印刷
ISBN 978 - 7 - 5218 - 3995 - 1　定价：78.00 元
（图书出现印装问题，本社负责调换。电话：010 - 88191510）
（版权所有　侵权必究　打击盗版　举报热线：010 - 88191661
QQ：2242791300　营销中心电话：010 - 88191537
电子邮箱：dbts@ esp. com. cn）

集体主义文化根植于中国，源远流长，对中国经济与社会发展产生的影响广泛而深刻。但随着改革开放以来的制度变迁、科技进步以及文化发展，中国社会一直在向个体化的方向发展。居民逐步从传统的制度、组织与文化中脱离出来，嵌入一个更加鼓励竞争、尊重个性、自担风险的个体化社会，更加独立地决策，追求"自己的生活"，但自己也要承担由此增加的种种风险。女性更加独立的同时往往面临着家庭和工作冲突的压力，农民进城谋生的同时面临居无定所、工作稳定性低、讨薪难等问题，青年群体在都市逐梦中，独自居住、压力凸显、负面情绪常伴。在传统组织支持减少、基础性社会保障有限的背景下，社会个体化风险更显突出，给居民造成了较大的压力，居民心理疾病患病率逐增。

作为风险管理的重要手段，商业保险应该是居民应对个体化风险的一个重要选择，居民是否以及如何利用商业保险这一补充保障手段来应对社会个体化，是本书关注的主要问题。现有的研究成果较多关注了社会个体化及个体化风险领域的议题，关于社会个体化对居民商业保险购买行为影响的研究尚不多见。本书能够拓展现有的社会个体化的相关理论，有助于促进社会学和经济学理论融合，从理论层面探明社会个体化、个体化风险以及商业保险购买行为之间的内在关系，为社会各界通过商业保险应对社会个体化趋势提供理论支撑，对我国充分认识新时代居民风险保障需求，进一步把握保险业高质量发展方向，促进居民风险保障水平不断提高具有较为重要的现实意义。

首先，本书梳理了风险管理理论以及商业保险需求理论，以此为基础分析了居民管理社会个体化风险的必要性以及商业保险作为居民应对社会个体化风险有效工具的可能性；总结了现有的社会个体化、个体化风险以及居民商业保险需求的相关理论研究成果，分析了本研究的边际贡献。

其次，本书从制度变迁、科技进步、文化发展视角总结了中国社会个体化的现状。从经济体制转轨、户籍制度改革、计划生育制度实施、家庭联产承包责任制度实施、妇女解放等维度分析了制度变迁中的社会个体化。从科技发展实现了技术替代人，降低了劳动力密集度，科技创造了居民的虚拟生活，居民独处的时间增加，科技提高了个性化产品和服务供给能力，满足了居民个体化需求等方面，分析了科技发展中的社会个体化。从制度变迁促进个体化文化发展、西方个体主义文化冲击促进个体化文化发展、科学技术助推个体化文化发展等三个方面分析了文化发展中的社会个体化。

再其次，本书分析了中国社会个体化过程中的核心环节，即"脱嵌"环节、"为自己活"环节，以及女性个体化中，居民面临的健康风险、人身安全风险、失业风险、财务风险、养老风险等风险，总结了社会保障体系中基础性社会保障制度在居民应对个体化风险中存在的三个问题，即基础性社会保障覆盖人群有盲区、风险保障水平有限、无法保障所有类型的个体化风险。这些问题使得居民的个体化风险难以得到充分保障，居民面临个体化风险敞口。商业保险作为风险管理的重要工具，是社会保障体系中的补充性保障，可以弥补基础性社会保障对个体化风险保障的不足。

最后，本书基于中国综合社会调查（CGSS）数据库 2015 年的数据，利用 probit 模型，倾向得分匹配等方法，分别研究了社会个体化的"脱嵌"行为和"为自己活"行为以及女性群体个体化对居民商业保险购买行为的影响。研究结果如下：

社会个体化过程中的"脱嵌"行为促进居民购买商业医疗保险的概率显著提高了 3.5 个百分点，但对居民商业养老保险购买行为的影响并不显著。这一影响还存在城乡、受教育水平、工作单位类型等方面的异质性。

另外，家庭收入水平、子女教育支出水平、财富水平、医疗卫生公共服务满意度、社会保障满意度对这一影响的效果具有一定的调节作用。特别地，较低的财富水平、较低的医疗卫生公共服务满意度、较低的社会保障满意度能够在"脱嵌"行为对居民商业医疗保险购买行为的影响中发挥了促进作用。这可能是因为，较低的财富水平增加了居民的财务风险，给居民较低满意度的医疗卫生公共服务，社会保障会导致居民对健康风险保障的担忧，这都促进了居民在社会个体化中的"脱嵌"环节购买商业医疗保险。

社会个体化中的"为自己活"行为促使居民购买商业医疗保险的概率显著提高了 2.3 个百分点，促使居民购买商业养老保险的概率显著提高了 2.4 个百分点。这一影响还存在城乡、受教育水平、工作单位类型等方面的异质性，另外，受教育水平、综合疲惫水平以及家庭收入水平对这一影响的效果具有一定的调节作用。特别地，较高的综合疲惫水平在"为自己活"行为对居民商业养老保险购买行为的影响中发挥了促进作用，这可能是因为较高的综合疲惫水平增加了居民对未来身体健康风险的担忧，进一步增加了其未来养老支出的预期值，养老风险感知增加，促进了居民在社会个体化中的"为自己活"环节购买商业养老保险。

相比于非个体化女性人群，个体化女性购买商业养老保险和商业医疗保险的概率分别显著高出 1.6 个和 1.9 个百分点，这一影响还存在城乡、年龄等方面的异质性。综合压力、自评健康水平、家庭经济档次、家庭总支出占家庭总收入的比重、孩子数量以及社会保障满意度在个体化女性购买商业保险行为方面发挥一定的调节作用。特别地，较低的身体健康水平、较低的家庭经济档次、较高的家庭总支出、较低的社会保障满意度在个体化对女性购买商业医疗保险中起促进作用。这可能是因为，较低的身体健康水平增加了居民的健康风险，较低的家庭经济档次和较高的家庭总支出增加了居民健康风险保障的财务风险，给居民较低满意度的社会保障增加了居民健康保障的压力，促进了女性购买商业医疗保险。较大的综合压力、较低的家庭经济档次、较多数量的孩子在个体化对女性购买商业养老保险中起促进作用，这可能是因为较大的综合压力、较低的家庭经济档次增加了女性对未来养老的担忧，尤其是养育孩子数量多，可能会对女性的职业发展及工资收入造成负面影响，增加其未来养老风险，从而促进了女性购买商业养老保险。

中国社会个体化促使居民购买商业保险以应对个体化风险，针对这一研究结论，本书在保险行业发展、社会保障制度建设等方面提出了一些政策建议：第一，促进保险业更加充分、平衡发展，满足居民个体化风险保障需求；第二，推动保险业科技化发展，提高保险业管理个体化风险的效率和能力；第三，加强保险业场景化发展，提高保险业管理个体化风险的针对性；第四，强化保险教育，提高居民通过保险管理个体化风险的意识；第五，多措并举，缓解社会个体化中女性的压力。

目　录

第 1 章

导　论

1.1　研究背景与研究目的

1.1.1　研究背景

集体主义文化根植于中国，源远流长。新中国成立后，伴随着三大改造的完成，社会主义制度得以确立，计划经济逐步发展起来，集体主义气氛浓厚。

然而，随着改革开放以来的制度变迁，社会一直在向个体化的方向发展（阎云翔，2012），与个体化相伴的诸多风险给居民的生产和生活也带来了重要影响。随着经济制度由计划经济向市场经济转变，市场在社会资源配置中起决定性作用的地位逐步得以确立，市场个体愈加受到重视。家庭联产承包责任制度的建立与农村去集体化的决策，使农民从集体化约束中解放出来，户籍制度综合改革和城乡统筹发展，使农民有了进城务工的条件，农民逐步减少对集体经济的依赖，更多地进行以家庭为单位的个体化程度更高的生产，大量的农民进城务工，逐渐脱离了宗族、家庭等传统的生产生活环境，独立应对城市生活（郭东杰，2019；孙文凯等，2011）。在城市，国有企业制度改革，就业制度的逐渐市场化，原来的组织制度对个人的支持和约束逐渐减弱，人们更加独立地面对社会（魏永强，2017）。

计划生育政策的实施、教育公平水平的增加，使女性从家庭中分离出来，更加个体化（周长城和叶闽慎，2015）。中国女性的劳动参与率较高，妇女在社会诸多领域做出了重要的贡献，发挥了"半边天"的重要作用。据调查，18~64岁女性的就业率高达71.11%，在工作日女性的总体工作时间超过了男性（第三期中国妇女社会地位调查课题组，2011）。根据世界劳工组织2016年的统计，中国女性劳动参与率为63%，超过了美国、德国、法国、日本、印度等诸多国家。中国女性的独立性和社会地位也大幅提升（第三期中国妇女社会地位调查课题组，2011）。中国女性展现出了独立自强、自由自主等气质和特点（孙艳艳，2014）。

伴随着中国从农业社会发展到工业社会，城镇化和经济市场化水平不断提高，社会流动性大大增加。农民离开熟悉的家乡进入陌生的城市工作。根据国家统计局数据，2021年中国农民工有2.925亿人。另外，大量青年群体通过受教育水平提高进入城市寻求更好的发展机会。农民工和青年群体脱离传统环境进入新的环境后，独立面对工作和生活的方方面面。

另外，中国经济和社会的发展表现为高水平的信息化与科技化，互联网普及率较高，移动互联网特别是5G技术大力发展，智能终端技术不断迭代更新。智能电子设备（如电脑、智能手机、智能手表等）以及互联网本身的设计导致了用户个体化，居民独处的时间大大增加，"低头族""饭桌沉默"现象普遍出现（王建民，2010；周长城和叶闽慎，2015）。

总体而言，中国社会正处于个体化转型中，居民在经历去传统化、制度性的脱离与再嵌入过程后，被迫追求"自己的生活"，更加重视对隐私、独立、选择和个人幸福的追求，同时个体面临的不确定性等导致的风险内化或心理化（阎云翔，2012），社会风险更多地由社会个体独自承担（张良，2013），且风险是系统性的，包括就业、婚姻、疾病等（解彩霞，2017）。然而，风险的增大，会给居民带来诸多压力，一个重要例证是市场竞争愈演愈烈，但家庭、亲戚和国家制度给予居民的支持逐渐变小，不少人甚至因此患上了心理疾病（阎云翔，2012），这也说明，个体是没有能力应对系统性的社会风险的。社会个体化让居民承受着诸多个体化风险，面临较大的压力。中国女性面临的家庭工作矛盾十分尖锐，育儿压力、照顾老人压力、家庭经济支撑压力以及"离婚威胁"的压力错综复杂。农民工身在异地他乡，经历着居无定所、工作稳定性低、被欠薪风险高、难以加入城市社会保障体系等诸多问题。大量青年群体，从校园毕业后踏入社会，独自居住，在事业上摸爬滚打，在生活中经历人情冷暖，孤独、焦虑等负面情绪常伴。

在社会个体化中，中国居民正面临着种种个体化风险，压力增大，负面情绪增多。众所周知，当居民面临或者感知到一定风险后，会采取措施来应对风险，缓解由于风险导致的不适。保险作为风险管理的重要手段，可以较好地应对人身、财产等风险。在个体化风险逐增与社会福利保障有限的双重背景下，中国居民是否以及如何采取商业保险手段来应对社会个体化引致的风险，是本书关注的主要问题。

实际上，中国政府已经对社会个体化问题给予了一定程度关注。2019 年 5 月，国务院办公厅印发了《关于促进 3 岁以下婴幼儿照护服务发展的指导意见》指出，要促进婴幼儿照护服务发展，逐步满足人民群众对婴幼儿照护服务的需求；2019 年 8 月，中国银保监会办公厅印发了《中国银保监会关于推动银行业保险业支持养老、家政、幼托等社区家庭服务业发展的试点方案》指出，养老、家政、托幼等家庭社区服务业是事关民生福祉的重要产业，要加强银行保险业对家庭社区服务业的金融服务；2020 年 1 月，中国银保监会联合多部委印发《关于促进社会服务领域商业保险发展的意见》指出，大力发展商业健康保险、商业养老保险、商业长期护理保险，引导商业保险机构大力发展育幼、家政等领域商业保险。

可以看出，中国政府已经关注到了社会个体化中的婴幼儿照护、老人照护以及家政等方面的相关问题，并制定政策引导养老、家政、幼托等服务业务发展，满足居民需要，特别是引导保险公司大力发展商业健康保险、商业养老保险、商业长期护理保险以及与家庭社区服务业相关的商业保险，以不断满足居民在个体化社会中的保险保障需求。在国家关注社会个体化风险的背景下，研究社会个体化对居民商业保险购买行为的影响，能够为国家进一步采取措施，治理个体化风险，提高居民在个体化社会中的社会保障水平，起到一定的理论指导作用。

1.1.2　研究目的

社会个体化过程中居民面临的个体化风险大大增加，本书旨在探索社会个体化是否促进了居民通过商业保险这一风险保障工具管理风险；探索个体化的不同环节的行为对居民的商业保险购买行为的影响以及社会个体化对特定群体的商业保险购买行为的影响；如何提高保险业发展质量以及如何进一步完善我国社会保障工作来促进居民更好地应对个体化风险，提高居民风险保障水平，促进社会和谐稳定。

1.2　研究意义

1.2.1　理论意义

社会个体化是新时代社会变迁的重要内容，已经引起了学者的广泛关注，围绕着社会个体化的定义、特征、形成机理以及个体化风险的研究成果较为丰富，对社会学、经济学等领域的发展起到了推动作用，为居民认识社会个体化以及社会个体化的负面影响起到了较好的支撑，但是在如何应对社会个体化这一重要社会变迁，特别是如何管理社会个体化带来的诸多风险的研究还较为零散、薄弱。本书在已有的社会个体化、个体化风险以及风险保障的基础上，分别从社会个体化的不同环节层面（如"脱嵌"和"为自己活"）以及特定群体层面（个体化中的女性群体）分别研究了社会个体化对居民商业保险购买行为的影响，拓展了现有的社会个体化的相关理论，将社会个体化理论、个体化风险理论以及保险保障理论联系在一起，重点从社会实践与社会需求的视角验证了个体化风险的有效管理工具以及改进方案。这对进一步融合社会学和经济学理论并解决社会个体化中的现实问题具有较强的理论指导意义。

1.2.2 现实意义

随着制度变迁、科技进步、文化发展，中国社会正在发生翻天覆地的变化，特别是社会从集体化向个体化变迁，社会个体化中居民的生活和生产方式发生重要变化，面临着各种风险大大增加，已经成为不争的事实，居民是如何应对相应风险的呢？毋庸置疑，需求的力量常常是无穷大的。探索并借鉴个体化背景下居民应对个体化风险的实践经验，从国家层面以提高社会保障为目标，并利用科学手段加以改善，应该是我国应对个体化风险、缓解居民压力之道。商业保险可以在医疗、养老等诸多领域提供风险保障，是居民管理风险缺口的重要而有效的工具，探究社会个体化对居民的商业保险购买行为的影响，对于我国充分认识新时代居民风险保障需求，进一步把握保险业高质量发展方向，促进居民风险保障水平不断提高具有较为重要的现实意义。

1.3 研究内容

本书主要包括五部分的内容：第一，从制度变迁、科技进步以及文化发展角度总结社会个体化现状；第二，分析我国社会个体化中"脱嵌"行为、"为自己活"行为以及个体化女性所面临的风险，总结我国社会个体化风险保障现状，并分析商业保险在保障居民个体化风险中的作用；第三，研究社会个体化中"脱嵌"行为对居民商业保险购买行为的影响；第四，研究社会个体化中"为自己活"行为对居民商业保险购买行为的影响；第五，研究社会个体化对女性群体的商业保险购买行为的影响。

本书包括八章的内容，各章的主要研究内容具体如下：

第1章，导论。首先，对我国社会个体化、个体化增加居民风险的现实背景进行介绍。其次，基于对社会个体化以及个体化风险的分析，确定探究社会个体化是否影响居民商业保险购买行为的焦点问题。再其次，针对研究的焦点问题，分析本书研究的理论意义和现实意义，并梳理研究思路，确定主要研究内容、研究方法及技术路线。最后，分析了本书可能的创新点以及不足之处。

第2章，理论基础与文献综述。首先，梳理与本书较为相关的社会学、管理学和经济学的理论。其次，从社会个体化、个体化风险、商业保险购买行为三个方面回顾国内外已有研究成果，在总结已有基础理论和相关文献的基础上分析本书的边际贡献。

第3章，中国社会个体化概述。本章从制度变迁、科技进步、文化发展三个维度分析我国社会个体化的现状。

第4章，中国社会个体化风险及个体化风险保障现状。社会个体化包括"脱嵌""再嵌入""为自己活"等主要环节，居民在社会个体化的核心环节，即"脱嵌"环节、"为自己活"环节往往面临较多的风险。另外，个体化的女性群体则面临着整体上的个体化风险。为此，本书分析居民在社会个体化过程中的"脱嵌"环节、"为自己活"环节面临的个体化风险，以及个体化女性群体面临的个体化风险。进一步地，本章介绍中国的社会保障体系及其对个体化风险保障的现状，总结基础性社会保障制度在保障居民的个体化风险中存在的问题，分析商业保险在保障居民的个体化风险的作用。

第5章，"脱嵌"行为对居民商业保险购买行为的影响研究。本章基于中国综合社会调查（CGSS）数据库 2015 年的数据，利用 probit 模型、PSM 等方法，以人口流动、互联网使用频率等指标作为"脱嵌"行为的替代变量，分析"脱嵌"行为对居民商业保险购买行为的影响效果以及这一影响效果的异质性、相关影响因素。

第 6 章，"为自己活"行为对居民商业保险购买行为的影响研究。本章基于中国综合社会调查（CGSS）数据库 2015 年的数据，利用 probit 模型、PSM 等方法，以生育自主指标、婚前同居自主指标等指标作为"脱嵌"行为的替代变量，分析"为自己活"行为对居民商业保险购买行为的影响效果以及这一影响效果的异质性、相关影响因素。

第 7 章，个体化对女性商业保险购买行为的影响研究。本章基于中国综合社会调查（CGSS）数据库 2015 年的数据，利用 probit 模型、PSM 等方法，分析女性个体化对女性商业保险购买行为的影响效果以及这一影响效果的异质性、相关影响因素。区别于第 5 章与第 6 章从特定环节层面研究社会个体化对居民商业保险购买行为的影响，本章则是从特定群体的整体个体化层面研究社会个体化对居民商业保险购买行为的影响。

第 8 章，结论与政策建议。本章主要总结前文的主要研究结论，基于研究结论就如何根据居民风险保障需求，进一步优化商业保险业发展并改善社会保障现状提出相关政策建议，为保险业未来发展以及社会保障部门的社会保障工作提供借鉴。

1.4　研　究　方　法

1.4.1　文献资料法

本书是社会个体化和个体化风险等理论的拓展性研究，通过梳理和分析风险管理理论、商业保险需求理论，以及社会个体化、个体化风险、风险感知、商业保险需求相关的研究成果，可以找出本书的边际贡献。另外，现有文献可以在理论分析、实证分析等方面为本书研究提供宝贵的借鉴。

1.4.2 规范分析法

本书采用规范分析的方法，围绕本书研究的焦点问题，通过逻辑分析和理论推演，分析社会个体化与居民商业保险购买行为之间的关系。

1.4.3 实证分析法

在文献分析和规范分析的基础上，通过定量分析开展进一步的研究。本书的实证分析主要包括数据清洗、描述性统计、计量模型构建、回归分析等内容。首先，本书根据模型构建需要选取必要的指标，对各项指标数据进行清洗（包括异常值删除等）；其次，通过描述性统计的方式围绕核心问题做初步的分析；再其次，进行回归分析，由于是否购买商业保险是二值变量，因此在研究社会个体化对居民商业保险购买行为的研究中主要采用了 probit 模型，由于研究可能因为种种原因存在内生性等问题，因此采用倾向得分匹配（PSM）、更换估计方法、更换变量等方法检验探究的基准回归的稳健性；最后，采用分组回归、在基本模型中引入交乘项的方法进一步研究社会个体化对居民商业保险购买行为影响效果的异质性、影响因素。

1.4.4 定性分析法

本书在中国社会个体化概述、中国社会个体化风险与个体化风险保障现状的研究中主要采用了定性分析，本书最后总结和讨论了主要的研究结论，基于此，进一步分析了优化保险业高质量发展以及社会保障工作的政策建议，旨在更好地满足我国居民在社会个体化变迁中的风险保障需求。

1.4.5　比较分析法

本书在研究社会个体化对居民商业保险购买行为影响的过程中在比较研究了社会个体化的不同环节对居民商业保险购买行为的影响效果后，还从整体上研究了女性个体化对女性群体的商业保险购买行为的影响，与社会个体化的不同环节对居民商业保险购买行为的影响的效果从局部与整体层面进行了比较分析。另外，本书还研究了社会个体化对居民商业保险购买行为的影响的异质性，旨在比较分析社会个体化对具有不同特征的群体影响效果差异。

1.5　研究思路与技术路线

本书结合文献资料法、规范分析法、实证分析法、定性分析法、比较分析法等研究方法，梳理了国内外社会个体化、个体化风险、风险感知与保险保障等已有基础理论和研究成果，总结了中国社会个体化的现状，分析了中国社会个体化风险及社会个体化风险保障现状，进一步围绕社会个体化对居民商业保险购买行为的影响进行了实证研究。本书重点研究了三个方面的问题：第一，社会个体化中的"脱嵌"行为对居民商业保险购买行为的影响；第二，社会个体化中的"为自己活"行为对居民商业保险购买行为的影响；第三，个体化对女性的商业保险购买行为的影响。具体的技术路线，详见图 1.1。

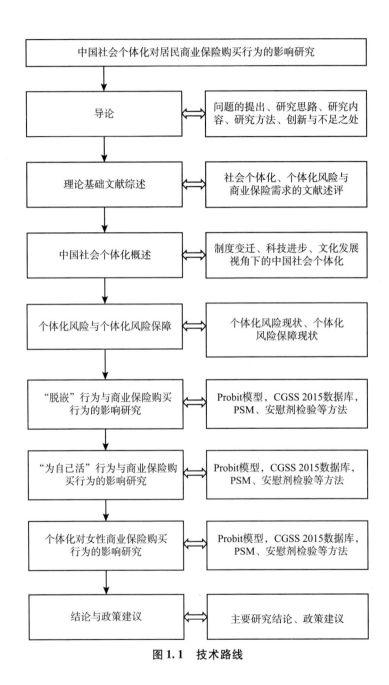

图 1.1　技术路线

1.6　创新与不足

1.6.1　可能的创新之处

（1）本书拓展了社会个体化、个体化风险与个体化风险管理理论，实现了三方面理论的交叉融合研究。社会个体化在中国已经成为明显的趋势，伴随着社会的这一变迁，居民面临的个体化风险陡增，相关矛盾突出，给居民生产和生活带来了诸多压力，负面影响居民对美好生活的追求与向往。从社会个体化导致居民个体化风险增加的视角，探究居民是否以及如何通过商业保险这一风险保障工具进行风险管理，对于个体化风险管理以及居民商业保险购买行为理论研究均打开了一个崭新的视角，这一视角下的研究，对于拓展社会个体化理论以及个体化风险管理理论，特别是为社会个体化、个体化风险与保险需求融合研究都大有裨益。

（2）本书从社会个体化的不同环节以及特定群体个体化两个维度研究社会个体化对居民商业保险购买行为的影响，使社会个体化对居民商业保险购买行为影响这一尚不多见的研究更加深入和全面。本书社会个体化中"脱嵌"行为对居民商业保险购买行为的影响研究，能够从探明居民从原有制度、原有生产和生活环境脱离出来面临新的个体风险时是否会促进其通过配置商业保险来管理风险缺口；社会个体化中"为自己活"行为对居民商业保险购买行为的影响研究，能够从探明居民在社会个体化中形成"为自己而活"的个体化思想而面临新的个体风险时是否会促进其通过配置商业保险来管理风险缺口。个体化对女性的商业保险购买行为的影响研究，能够从整体上探明社会个体化过程中女性这一群体在个体化后是否以及如何通过配置商业保险来管理个体化风险。总体而言，本书不仅能够探明社会个体化的不同环节对居民商业保险购买行为的影响，还能够从整体上探明特定群体的个体化后对商业保险购买行为的影响，使得研究更加深入和全面。

（3）本书尝试使用实证方法进行研究，能够丰富以质性研究为主的现有相关议题研究。关于社会个体化对居民商业保险购买行为影响的研究尚不多见，现有的相关研究成果多是通过定性分析和案例研究等方法研究社会个体化的进程、机理以及社会个体化造成的个体化风险增加，通过实证方法研究社会个体化对居民商业保险购买行为影响的成果更是凤毛麟角。本书则利用 Probit 模型实证验证社会个体化中"脱嵌"行为、"为自己活"行为以及女性个体化为对居民商业保险购买行为的影响，并通过倾向得分匹配（PSM）、更换估计方法、更换变量、更换样本等多种方法检验了研究结果是否稳健，还通过分组回归、引入交乘项等方法探究了社会个体化对居民商业保险购买行为影响效果的异质性以及不同因素的调节效应。

1.6.2 不足之处

本书的研究不足主要体现在如下三个方面：

（1）尚未建立一个较为科学的中国社会个体化评价体系，从宏观层分析中国社会个体化的演变过程以及社会个体化对中国保险业发展的影响。

（2）仅仅分析了社会个体化给居民带来的个体化风险，限于数据未能通过实证的方式进一步直接研究个体化风险对居民商业保险购买行为的影响。

（3）限于数据，未能研究其他群体（如农民工群体等）的个体化对相应群体居民商业保险购买行为的影响。

第 2 章

理论基础与文献综述

2.1 相关理论基础

2.1.1 风险管理理论

2.1.1.1 基本的风险管理理论

一般来说，风险是指预期结果与实际结果的相对变化（江生忠，2008）。按照原因划分，风险包括自然风险、社会风险、政治风险以及经济风险等；按照性质划分，风险则主要包括纯粹风险、投机风险等。风险往往伴随着损失，加强对风险的管理，最小化损失、最大化获利，有益于个人、企业以及社会，有利于经济和社会发展。风险管理理论发展得已经比较成熟。大体上，风险管理的过程包括风险识别、风险评估、风险应对和风险效果评价等，其中风险识别和风险评估是基础，风险应对是关键。管理风险的方法主要包括两大类，即风险控制和风险融资。风险控制，包括风险回避、损失预防和风险分散、信息管理以及控制型风险转移；风险融资则包括风险自留和风险转移，其中风险转移包括保险以及非保险转移（江生忠，2008）。

2.1.1.2 社会个体化风险管理分析

社会个体化的过程中，居民面临的个体化风险逐增。个体化风险较为复杂，既包括纯粹风险，如个体更加独立地应对自然灾害、意外事故的风险，也包括投机风险，如个体按照自己的价值观和方式规划、发展事业，追求自我实现，同时承担相应的失败风险。无论怎样的风险，都往往会给居民带来损失，造成压力，甚至风险积聚，引发社会事件，影响社会安定，因此，个人和社会都需要加强社会个体化风险的管理。管理个体化风险，首先需要识别个体化风险，有必要梳理和分析个体化社会居民面临着怎样的个体化风险，本书第四章完成了这一重要工作。在此基础上，更为关键的工作是研究如何应对个体化风险。在风险控制方面，作为经济人，居民理应会根据自己的能力和方式进行风险控制，以减少个体化风险带来的损失，最大化获利，但风险控制手段往往因人而异，相应的经验难以推广，也难以从国家层面通过政策加以优化和推动。在风险融资方面，保险是居民应对个体化风险的重要方式，通过保险转移个体化风险，应该可以帮助居民更加适应个体化社会发展，当然这仅仅是从风险管理理论的角度来分析，保险是居民应对个体化风险的一种可能工具。政府和保险行业可以通过提高保险业发展质量，为居民提供可选的个体化风险管理工具。

2.1.2　商业保险需求理论

2.1.2.1　基本的商业保险需求理论

保险需求指的是在特定的历史时期内，社会组织和个人对保险经济保障的需求量，当然，这一需求是以支付能力和购买意愿为前提的，保险需求表现为两种形式，有形的经济保障和无形的经济保障（王国军，2014）。有形的经济保障，体现在物质方面，即在居民遭受意外事故和自然灾害时，投保的个人或单位得到的经济补偿和给付；无形的经济保障，体现在精神方面，即在获得保险经济保障之后，投保的个人或单位由于转嫁了意外损失风险获得保险保障而得到的心理上的安全感。个人和家庭的保险需求受风险态度、文化背景、社会关系、经济、社会经济制度、人口、保险替代品、科技等诸多因素的影响（王国军，2014）。

2.1.2.2 个体化社会背景下居民商业保险需求分析

前文关于个体化风险管理的分析发现，保险可能是居民应对个体化风险的一个手段，居民在面临个体化风险过程中是否有商业保险需求呢？毋庸置疑，个体化风险往往会给居民带来损失。例如：遭受意外伤害时，居民需要看病就医，产生医疗支出；发生自然灾害时，居民可能会面临财产损失；环境污染使居民面临健康风险；等等。在社会个体化发展的背景下，诸多的风险均需要居民独立承担，面临的损失复杂多样，给居民带来不安全感。倘若居民投保了保险，当对应的风险发生时，就会给予被保险人一定的经济补偿和给付，这能够很好地弥补居民在个体化风险发生时产生的损失，有了这样的风险保障措施，居民在生活中往往就会减少对个体化风险发生的担忧，增加其心理上的安全感。从这个角度分析，居民在面临个体化风险时应该会有商业保险的购买意愿，同时，伴随着经济发展，居民的可支配收入不断增加，在商业保险方面形成了一定的支付能力，理论上来看，居民在社会个体化过程中有可能形成一定的商业保险需求。但是，居民是否在应对个体化风险中普遍采取了商业保险措施，这一问题还有待通过实证的方式加以验证，特别是，居民的保险需求受文化、经济、人口等因素的影响，要把这些因素纳入研究中来，本书的第 5～7 章完成了社会个体化对居民商业保险购买行为的影响的研究。

2.2 文 献 综 述

2.2.1 社会个体化

社会个体化的研究议题较为广泛，本书重点梳理了社会个体化内涵的相关研究成果，以期总结何为社会个体化以及个体化的过程如何、包括哪些重点环节。本书归根结底要服务于中国社会个体化对居民商业保险购买行为的影响研究，因此，梳理有关中国社会个体化的研究成果，探明中国社会个体化的研究进程十分必要。

2.2.1.1 社会个体化的内涵

社会个体化是社会变迁的一项重要内容，较早地出现在西方社会发展之中。早期的宗教改革运动以及启蒙运动促进居民摆脱宗教与封建传统的约束，从根本上追求理性、自由和平等，特别是资本主义经济的迅速发展以及工业化进程的大力推进，使得人类社会现代化水平大幅提高，个体的各项权利得以发展，社会个体化特征愈加明显。

"祛魅"是早期促进社会个体化的重要因素。马克斯·韦伯（1998）认为，"祛魅"意味着居民不再相信神秘力量的存在，不再为了控制或祈求神灵而求助于魔法，更多依靠理性和计算来解决问题。"祛魅"导致居民从宗教与封建传统中解放出来，获得更多的自由、自主与能动性，根据利益最大化来衡量和追求生命意义与价值，与此同时，居民的信仰瓦解，丧失了社会中统一的意义感（张良，2014）。事实上，"祛魅"的过程使得社会陷入了失范无序的状态，个体化风险出现。在失范的社会中，传统的规范和标准遭到了破坏，新的传统和规范又没有建立起来，居民在这样的情况下就会觉得迷失了方向，感到焦虑（吉登斯，2003）。对于社会个体化的内涵，诺贝特·埃利亚斯（2003）从社会进程的视角进行了分析，居民早期依附于血缘集体，例如，氏族、村落、土地拥有者家族等，这些组织与单位可以为个人提供特定的庇护和控制功能，但伴随着城市化和工业化发展，个体逐渐摆脱了这些传统的组织与单位的庇护与控制，个人越来越多地依靠自己谋生立业、自立自足，在更大程度上自己做出决断，别无选择，并置身于激增的不确定性面前，隐含着特定的风险。社会个体化还具有风险性、自反性等特性。齐美尔（2002）则提出了社会个体化具有的自反性特点，认为在个体化社会，居民的个性更加自由，活动空间和行动自由更大，更加摆脱原有社会关系的束缚，同时也更加依赖愈加复杂的组织和他人帮助。持有类似的观点，乌尔里希·贝克（2018）认为个体化社会中的个体并不能把握生活的全部，社会个体化是居民在全球网络和制度层面更加依赖与他人联系，个体化具有较强的自反性特点，居民更加依赖于劳动力市场，依赖于教育、消费、社会法规、医疗保健等社会制度与社会系统。除此之外，乌尔里希·贝克（2018）还较早地提出了经典的个体化概念和一般模式，明确指出个体化是个体行为约束框架的松动导致个体从制度性束缚的力量中解放出来，个体的思想和行为获得了越来越多的自由，个体化的过程主要包括在支配扶持等传统背景方面，脱离由历史赋予的社会形式与社会义务；在实践知识、信仰和指导规范方面，丧失传统的安全感，最后进入一种新的社会约束。

我国学者也对社会个体化的内涵及过程做了较为系统的分析。阎云翔（2012）总结了个体化进程的四个环节，包括：一是去传统化；二是制度性的抽离与再嵌入；三是因为被迫追求"自己的生活"而导致缺乏真正的"个性"；四是个人面临的不可靠的自由与不确定性导致的风险内化或心理化。解彩霞（2017）指出个体从传统的义务和支撑关系中解放（脱嵌）出来的同时，受到劳动力市场的束缚和作为消费者而拥有的标准控制，生存成了纯粹个体化的事，居民不得不为了生存而自我规划并指导自己的工作和生活，同时，个体化的居民更加依赖于劳动力市场、教育、消费等一系列的社会制度。

总体来看，社会个体化首先是"脱嵌"，即从传统的文化、制度、组织、单位、区域等脱离出来；其次是"再嵌入"，即融入新的环境中，在新的制度等约束下参与生产和生活；再其次是"为自己活"，即追求自我并独立决策；最后是"自担风险"，即个体自己承担"自由决策"面临的种种风险。可以看出，关于社会个体化的内涵、过程、环节等方面的研究已经相对充分，但是基本限于定性分析以及田野调查分析，量化研究还较为薄弱。社会个体化的异质性研究也相对较少，例如，不同发达程度的国家间的社会个体化不同、不同社会制度的国家间社会个体化不同。另外，对于社会个体化水平的研究也相对较少，不同的社会个体化水平，需要不同的社会治理方案，关注社会个体化水平评估的研究十分重要。

2.2.1.2　中国社会的个体化

当代中国正在从"总体社会"向"个体社会转变"（文军，2012），居民正经历着去传统化、"脱嵌"、创造属于自己的生活以及与独立和个人主义相关的压力（阎云翔，2012）。中国社会的个体化体现在诸多方面，国内学者围绕政策制度变迁、社会流动、科技发展、乡村和社区治理以及不同群体研究了中国社会个体化问题。

（1）制度变迁与社会个体化。

自新中国成立以来，中国经济与社会制度变迁较为明显，诸多制度的变化推动了我国社会的个体化发展，我国学者魏永强（2017）从五个方面较好地总结了中国社会个体化表现：第一，社会结构深刻变动，个体工商户、企业家、民营企业科技人员等新兴社会阶层出现；第二，经济制度转轨；第三，农村人民公社逐渐解体，国有企业改制，就业制度市场化，越来越多的居民从原来的"单位人"转变为"社会人"，独立面对社会中的风险与机遇；第四，户籍管理制度松动以及城乡二元结构逐渐被打破，大量农民进城务工，社会流动性加强；第五，工业化与城市化促进居民脱离了传统组织（如家庭、村落、单位等）的约束，在社会交往中居民从重视情感和道德关系转为重视契约与利益关系。另外，计划生育制度与教育制度对社会个体化也有较大的影响，计划生育政策和女性受教育水平的提高，进一步促进了女性的解放和独立（周长城和叶闽慎，2015），此外，独生子女增多使得亲属之间的关系密切度降低（王建民，2010）。制度变迁促进的社会个体化，最终导致居民个体意识大大增强，以个人为中心的价值观凸显、个人选择的自由性增强（张红霞等，2016），个体权界观念日渐增强，"公"与"私"更加分明（钱亚梅，2018）。

已有的研究总结了中国过去诸多重大的社会制度变迁造成了社会个体化的结果，但是这些研究大多还停留在质性分析层面。哪些制度，通过怎样的机制，造成了多大程度上的社会个体化的量化研究少之又少。特别是，关于社会制度对社会个体化的研究多处于总结层面，富有前瞻性的预测层面的研究较少，即中国多年以来，为了实现特定的发展目标，在诸多领域出台了大量的制度，这些制度对于社会个体化的影响效应可能在当下还没有显现出来，但又十分重要，因此加大不同制度对社会个体化影响的预测性研究十分有必要。

（2）社会流动性与社会个体化。

工业化进程与城市化进程的快速推进，户籍制度的改革等一系列变化促进了社会流动性增强，大量居民在流动中脱离了原有的乡村、宗族、家庭等组织与单位，社会不断向个体化方向发展。在移居方面，罗永仕和韦柳温（2015）发现，库区农民成为移民之后，原有的组织关系瓦解，他们只能在陌生的环境和空间里慌乱地生活。在劳动力市场流动方面，薛红（2001）发现，劳动力市场流动性加强，导致居民更多地面对陌生人的世界。工作地点与居住空间的分离导致居民的社会交往受到限制，社会流动性增强，居民生活节奏加快，集体生活的机会逐渐减少，亲属关系日渐淡薄（王建民，2010）。

关于社会流动造成的社会个体化的研究，主要集中在居住场所流动以及劳动力市场流动等方面，个体脱离了传统组织和环境，进入陌生的环境，生活和工作方式发生变化，不确定性出现，给个体造成压力。但是关于社会流动对社会个体化的影响研究还相对有限，还可以继续拓展，例如，探究社会流动频度、社会流动程度（如流动的区域跨度大小、流动的时间长短、个体流动还是家庭等集体性流动等）、个体特征（如性别、年龄、受教育水平、工作类型或所处行业等）等因素，对社会流动促进社会个体化的影响。

（3）科技发展与社会个体化。

互联网等科学技术发展日新月异，网络与智能终端的综合应用，使居民独处的时间更多，有更多机会进行自媒体社交等，促进了社会个体化。电子设备（电脑、平板、智能手机、智能手表等）和互联网本身的设计导致了用户的个体化（周长城和叶闽慎，2015），使个人独处的时间增加（王建民，2010）。个体在参与信息的传播和文化的构建中，似乎都是独立的，并获得了前所未有的自主性发展和表达，但每个个体又是孤独的（朱红文和李夫泽，2015）。从虚拟社会与现实社会的角度，王阳和张攀（2018）指出，虚拟网络使青年人普遍地从传统的现实生活中脱离出来，形成现实社会的自我抽离，表现出明显的个体化生存状态。更为具体地，邵力和唐魁玉（2018）分析了个体的微信生活，发现居民在微信中发朋友圈以及在微信群中的互动，都呈现出了自我选择、自我塑造的个体化特征。

已有研究发现的科技化造成的社会个体化，主要集中于科技化促进个体在空间上的独处、思想上的以自我为中心的表达以及"脱实向虚"的生活方式。实际上，科技化在多方面造成了社会的个体化，例如：科技进步推动了社会分工的细化，而社会分工是社会个体化的重要影响因素；科技进步还实现了个性化生产，满足个体的个性化需求，也是科技化促进社会个体化的一个重要方面。因此，关于科技化促进社会个体化的研究还要进一步从更多维度和视角开展，将相关研究做得更广泛、更深入。

（4）乡村和社区个体化。

不少学者从乡村和社区视角研究了社会个体化现象。张良（2014）重点研究了农村的社会个体化，农村文化逐渐失去公共性，农民文化生活从公共领域转变到家庭、个体层面，娱乐方式转变为个体与电子设备之间的互动与交流；文化意义体系日渐破碎，价值信仰转变为世俗主义与理性主义；共同的道德规范约束力下降，个体依据自身利益作出道德解释。社会个体化给农民带来了个体的自由和权利，但农村的集体归属感的日渐弱化，农村公共规范的逐渐解体，农民间的互惠合作的逐渐减少（张良，2017）。在社区的社会个体化方面，李山（2015）发现，社区公共性日渐消解、人际关系日益淡漠，居民越来越少地关注公共事务，开展社区中的集体性活动越来越困难，个体化给社区治理带来了诸多问题。

乡村和社区是体现社会个体化的重要地方，较多的学者在乡村进行田野调查来研究社会个体化问题。以上文献则将乡村或社区作为整体研究的社会个体化，主要体现在公共性减弱、共同体归属感的丧失、传统道德规范的瓦解、个体行为增多、利己主义出现等。已有研究已经相对充分，进一步深入和全面地研究导致乡村和社区个体化的影响因素或者个体化的形成机理，对于进一步解决个体化给乡村和社区发展造成的问题十分必要，可以从科技化、城镇化、就业市场化、消费市场化、教育体系与医疗体系完善等多个角度来进行研究。

（5）特定人群的社会个体化。

教育水平提高、教育公平性改善，特别是就业制度的市场化促进了大量青年通过不断提高自身受教育水平争取去大城市工作和生活的机会。性别平等思想的普及以及女权主义的兴起，促进了女性摆脱家庭的束缚，参加社会劳动，独立性空前。工业化、城市化水平的提高，农村人民公社解体，户籍制度松动等促进农民进城务工，形成体量庞大的农民工群体。可以说，中国社会个体化进程中青年群体、农民工群体以及女性群体的个体化较为明显，已有研究成果也从群体层面研究了三类人群的个体化现象。

第一，青年群体的个体化现象。青年群体是社会流动人口的重要组成部分，他们离开自己的家乡、家庭等传统组织，进入城市追求自己的目标，独立生存和发展的压力异常沉重，需要自己解决学业、婚恋、就业等诸多人生中的重要问题（冯莉，2014）。"空巢青年"现象是青年群体个体化的一个重要体现。较多的拥有高学历（包括本科、研究生学历）的青年，为了谋求发展，离开家乡、家庭以及学校，来到陌生的城市，独身生活。还有学者从个体化视角研究了青年间隔年旅行现象。间隔年旅行中"出发"与对应"脱嵌"，旅行过程对应个体化的"过渡"阶段，在这一阶段青年们脱离了传统的环境和组织，间隔年的旅行结束以后，青年们"再嵌入"新的组织和环境中（吴晓隆，2015）。

关于青年群体社会个体化的研究，主要是青年群体在"脱嵌"，即离开家乡、校园、熟人和亲人等，"再嵌入"，即进入陌生的城市，"为自己活"，即寻求自我发展，解决就业、婚恋等问题，甚至是按照自己的内心需求，进行隔年旅行。已有研究，更多的是研究了青年群体的个体化过程，若清晰地说明青年群体个体化的内在机理，还需要从教育制度、就业制度、婚姻制度等方面做进一步的深入分析，特别是还需要从计划生育制度以及家庭教育等视角来分析青年群体的个性化。

第二，农民工群体的个体化现象。农民从农地耕作活动中解放出来，脱离原来的宗族网络、村庄等传统性组织和单位，传统约束力逐渐减少，自我意识增强，越来越自主地决定自己的生活，人格愈加独立（张良，2014）。进一步，农民离开农村进入城市务工，他们脱离了传统支持，必须独立面对工作与生活的方方面面。新生代农民工也受到社会个体化的影响，生活的流动加强，脱离原有的地域与社会关系，淡化了对家庭、集体的责任意识，更加关注自己的利益诉求（张红霞和江立华，2016）。新生代农民工的个体化行为还体现在"短工化"，与劳动相比，新生代农民工更倾向于享受，他们追求闲暇、经历与刺激，反映出新生代农民工个体化的生存方式（任树正，2018）。

已有研究分析了第一代农民工以及新生代农民工的个体化行为。从农村"脱嵌"，实现了第一步个体化，进入城市务工，独立面对生活和工作，个体化进一步明显，特别是新生代农民工，与第一代农民工相比展示出一些新的个体化特征。当下，乡村振兴战略正在大力推进，农民工返乡成为诸多学者关注的问题，新农村建设过程中，返乡的农民工以及新生代农民工的个体化行为有哪些新的体现？这一问题值得做进一步分析，以完善农民工个体化相关领域的研究。

第三，女性群体的个体化。女性独立是社会个体化的典型，一直以来，家庭对女性十分重要，但女性独立自主的或个人空间的特征日渐凸显，女性越来越摆脱了家庭的束缚，经历了一次"个体化的激增"，从"为他人而活"到要求一点"属于自己的生活"，或多或少"为自己而活"（乌尔里希·贝克和伊丽莎白·贝克-格恩斯海姆，2011）。在中国，女性的个体化现象也比较明显。第三期中国妇女社会地位调查课题组（2011）的调研成果显示中国的女性就业率水平较高，整体上女性的工作时间超过了男性，拥有房产的女性占比接近四成，接近九成的女性认为在能力方面女性不比男性差、男性也需要处理家务，另外，女性无论在决策与管理的参与程度、个人事务决策的自主性都大大提高。中国女性在较大程度上改变了传统性别观念（杨菊华，2017），表现出了独立自强、自由自主等气质和特点（孙艳艳，2014）。

关于中国女性个体化的研究，主要集中在女性改变了以往依附于家庭的传统，进入劳动力市场，更多地参与决策和管理，性别平等意识增强等。但女性个体化的异质性研究（如城乡差异、区域差异等），以及综合性的女性个体化水平评价与预测研究，还相对较少，这些研究对于深入把握女性个体化现状和总体水平十分重要，特别是对于进一步科学管理女性个体化发展以及基于女性个体化现实在宏观、中观和微观层面，进行社会、经济、民生等多领域的管理与决策有较大价值。

2.2.2 个体化风险

社会个体化伴随着个体化风险的增加，梳理个体化风险的产生机理，总结不同形式的社会个体化、不同群体的个体化产生的不同的个体化风险，对于深刻理解社会个体化变迁衍生的诸多风险以及进一步有效管理这些风险十分有必要。本部分梳理了社会个体化引发个体化风险机理相关文献，还总结了科技化、社会流动引致的个体化风险，特定群体（青年群体、农民工群体、女性群体）个体化中面临的个体化风险以及社会个体化造成的社会治理风险。

2.2.2.1 社会个体化与个体化风险

个体化伴随着风险的增加，而风险增加的原因主要包括两个方面，一是"脱嵌"行为使得个体失去了原来组织的庇护与支持，二是自由决策和选择的空间本身就增加了风险。诺贝特·埃利亚斯（2003）指出，在个体化社会，传统的群体和组织的庇护和控制功能日渐丧失，居民更加独立的谋生立业，个体的选择和决策空间更大，同时其面临的各种不确定性面前陡增。在英国独立电视制作部门工作的个体的生活中，人们处于个体化的、不稳定的工作环境中，这一环境会使得工人产生压力和焦虑的情绪，创造性职业是充满强烈不完全感的场所，这是由居民自我实现的欲望所导致的（Lee，2012）。也有学者从风险转移的视角分析了社会个体化带来了个体化风险。在个体化社会，国家将其原来所承担的诸多职能推向了充满风险的市场或个人（齐格蒙特·鲍曼，2002）。米尔斯（Mills，2004）则通过实证研究证明了个体化社会风险越来越多地从国家或者公司向个人转移。

国内学者对个体化风险也有较多的关注，主要认为社会个体化使居民失去了传统的支持，不确定性增多，居民的不安全感、孤寂感、焦虑感增加，这甚至还进一步导致居民患上心理疾病。个体化社会在中国已经来临，社会关系变得更加脆弱，在生活中人们更加陌生，人们的价值观更加功利，个体承担的风险更多（黄诚，2014），在如此的个体化社会，个体遇到各种风险的概率上升，风险以及不安全感带给人们诸多困扰，孤独、无助等负面情绪增加（王力平，2013）。有学者从制度视角分析了个体化风险，经济体制改革等一系列的制度变迁，使得不少职工从原有的单位组织中脱离出来，并失去了原来单位组织在住房、教育、就业等多方面的支持，越来越多的社会风险从国家或单位转移到个体身上（魏永强，2017）。在风险感知方面，居民在社会个体化中感知到不确定性并由此造成心理负担，尤其对于弱势群体，个体化更有可能提高其对风险感知的敏感度（江立华和王斌，2015）。在居民"为自己活"的过程中，会受到不确定性和不安全性影响，社会风险不断向个体沉淀（孙菲和杨君，2015），特别是，在个体被迫追求独立和自由时，个体在多元的价值观与选择面前感到焦虑，甚至患上心理疾病，这还一定程度上促进了中国心理咨询的兴起（崔荔，2012）。

解彩霞（2017）则从整体上对个体化风险产生的机理进行了解释，认为个体化使居民丧失了由更为传统的情景所能提供的心理支持和安全的世界，居民难以再从传统的共同体中找到依赖和安全感，同时个体独立地并且很大程度上凭借自身的奋斗和决断去争取实现自己的追求，本身就包含了特定的风险。阎云翔（2012）较为深入地解释了个体化风险下个体心理疾病发生的机理，认为在社会个体化中的居民要同时面临愈加激烈的市场竞争以及来自家庭、亲属和国家制度的支持逐渐减少的现实，因此，不少个体患上了不同程度的心理疾病。个体化风险及其导致的居民的负面情绪还会在较大程度上抑制个体的主体性（蔡斯敏，2019）。

总体来看，关于社会个体化引发个体化风险的机理，主要是个体化过程中"脱嵌"行为使得个体难以再继续获得传统的支持，"再嵌入"行为使得个体进入新的组织与环境，重塑自我，特别是"为自己活"的自由决策与奋斗行为，增加了大量的不确定性，传统支持减少与新风险增加并行，个体压力增大，甚至引发心理问题。现有的社会个体化导致个体化风险的内在机理的分析大都存在逻辑上的合理性，也较为系统，但相关的实证研究较弱，社会个体化引发个体化风险是一个包含多个环节在内的系统性的过程。哪些环节具体造就了多大程度上的以及怎样的个体化风险，个体化风险的总体水平如何等问题，值得通过实证的方法加以探究。另外，现有的研究对个体化风险进行了相对笼统的阐述，以不确定性、压力、心理问题等为表征的个体化风险还需要进一步加以归类与细化，来构建相对完善的个体化风险种类体系，为相关实证研究提供支撑。

2.2.2.2　社会个体化风险

（1）科技化与个体化风险。

科学技术促进了社会个体化发展，并由此导致了相应的个体化风险，主要体现为以科学技术为基础的互联网和电子设备、智能终端等产品的广泛普及和使用，使个体独处的时间增加，社交水平下降，个体的孤独感增加。有学者提出"互联网社交悖论"，也就是说，互联网是一种社交工具，然而，它却使得用户减少了社会参与，并降低了心理健康水平，个体与家庭成员交流时间的减少、社交圈规模的减小以及孤独感和抑郁水平的上升与越多的互联网使用相关（Kraut et al.，1998）。中国学者也关注了科技化影响个体化风险的议题。网络成瘾倾向与孤独感密切相关（王滨，2006；唐文清等，2018），网瘾使个体脱离现实生活，内心焦虑空虚，导致网络孤独症蔓延（蒋建国，2013）。还有学者从电子设备与互联网结合的视角分析了科技化带来的个体化风险。王建民（2010）、周长城和叶闽慎（2015）则指出，电视、智能电子设备（如电脑、平板、智能手机、智能手表等）以及互联网本身的设计导致了用户个体化，居民独处的时间大大增加，"低头族""饭桌沉默"现象普遍出现。

科学技术的应用，科技产品的普及，明显地增加了居民的独处时间，人们的孤独感增强，这是与社会科技化发展相伴随的个体化风险的一个重要方面，得到了学者的关注。与科技化相关的个体化风险还体现在诸多其他方面，值得加以研究。例如，长期使用电子设备，增加了个体在有限区域较为静止的生活与工作状态，减少了运动的时间，这可能会触发身体健康风险，特别是电子产品辐射问题难以彻底解决，长时间的"人机"相处，可能引发的身体健康风险也不容忽视。电子设备普及在为工作带来便捷的同时，也增加了个体"随时"处于工作状态的概率，工作往往通过电子设备与个体"捆绑"在一起，对个体生活造成影响，对个体应有的个人时间等造成干扰，与这些现实相关的个体化风险值得进一步总结和研究。另外，人工智能技术的应用，如工业机器人的逐渐普及，会对个体产生替代性威胁，这一科技化引发的个体就业风险值得进一步关注。

（2）社会流动与个体化风险。

社会个体化过程中的"脱嵌"环节往往伴随着人口流动，如大量农民离开村庄进入城市务工，青年群体离开学校、家乡进入陌生的城市，社会流动常常导致传统支持的减弱以及不确定性增强，个体化风险增加，引发个体的不安、焦虑、恐惧等负面情绪。社会流动性增强使得个体可能面临诸多的生存与发展风险（钱亚梅，2018），居无定所、职业发展不确定等因素在社会保障不足的背景下会导致居民对未来较为普遍的焦虑和不安情绪（朱红文和李夫泽，2015）。在移居方面，罗永仕和韦柳温（2015）发现，搬迁造成了居民从传统中脱离出来，并引发移民的无根感，特别是在新的规范未形成的时候，移民在新的环境中面临着恐惧与迷失的风险。

流动使得个体从熟悉的环境中脱离出来，进入相对陌生的环境与组织，传统支持减弱的同时，无根感增强，依靠自我决策来应对各类事宜，不确定性、压力、负面情绪等出现。有关社会流动引发的个体化风险的研究还可以继续拓展。例如，社会流动性增强增加了个体在流动过程中出现人身风险（如意外交通事故造成的人身风险），以及失业风险（如劳动合同短期化，合同到期后继续签约存在风险；未签劳动合同的个体面临随时被辞退的风险）等，这些风险均需要个体自己来承担。还需要对社会流动进一步细分（如人口流动、就业变动等），并相应地细化不同类型的社会流动造成的个体化风险。

（3）特定群体的个体化风险。

①青年群体的个体化风险。

青年群体进入陌生的城市，处世经验有限，还需要独立处理生活、工作等各方面的事务，在脱离传统庇护的情况下，面临的不确定性和压力较大，个体化风险十分明显。总体来看，城市青年处于陌生的城市，面对艰难的职场，学业、婚恋、就业等都需要自己解决，焦虑、恐惧等情绪普遍，缺乏安全感（冯莉，2014）。青年群体中的"空巢青年"的个体化风险则更加明显。"空巢青年"指的是，接受过高等教育的青年，在毕业后离开学校、家庭等传统的组织，进入风险与压力并存的城市工作和生活，他们还没有建立新家庭，单身并独居（陈小杏，2018）。"空巢青年"往往面临着人际关系冷漠、集体意识淡化和精神生活空虚等社会风险（张艳斌，2018），这一群体面临心理失衡和社会聚合力较弱的危机（李飞飞，2019）。还有学者专门研究了青年间隔年旅行的个体化风险，青年们进行间隔年旅行需要自己承担相应的不可预测的风险，如人身安全风险、财产风险等（吴晓隆，2015）。

关于青年群体的个体化风险研究已经相对充分，需要继续关注青年群体的身体健康风险，因为青年群体"为自己而活"的个性化生活方式较为普遍，进入城市生活后受约束较少，工作、娱乐而导致的熬夜生活增多，锻炼身体的行为和时间减少，等，这些都对健康产生负面影响。

②农民工群体的个体化风险。

农民从农活中解放出来，进入城市务工，形成农民工群体，这一群体在陌生城市中独立生活，工作稳定性往往较弱，还难以融入城市的社会保障体系，面临着多种个体化风险。张红霞和江立华（2016）指出，农民工在城市的工作具有一定的临时性，工作变动频率相对较高，他们在城市生活和工作，但往往难以受到城市的社会保障，游离于乡村与城市之间，农民工陷入"无保护的个体奋斗"状态（蔡志海和田杰，2017）。还有学者研究了新生代农民工的个体化风险，任树正（2018）指出，新生代农民工频繁换工作会使其面临职业生涯发展方面的困境和风险。

已有的研究从就业、社会保障制度以及新生代"短工化"等视角研究了农民工的个体化风险，这些都是农民在外务工时候面临的重要的个体化风险，对农民工这一群体有着较大的影响。还有一些农民工面临的个体化风险值得研究，例如，农民讨薪难问题等。此外，国家正在实施乡村振兴战略，这一背景下农民工的生产和生活会受到一定的影响，其面临的个体化风险的变化值得进一步关注。

③女性群体的个体化风险。

女性在社会个体化中面临着诸多复杂的风险，相关研究成果十分丰富。

现代女性已经从传统的对家庭中独立出来，从家庭走向了劳动市场，兼顾就业与家庭双重压力，面临的风险陡增，主要体现为家庭与工作冲突的风险、性别歧视风险、家庭经济风险、离婚风险等。

第一，家庭工作冲突造成的风险。工作和家庭的冲突指的是因工作时间过长而挤占家庭工作时间或家庭工作时间过长而会挤占市场工作时间，造成的角色冲突（Greenhaus & Beutell，1985）。工作和家庭的冲突往往会对个人、家庭和工作组织造成较大的影响（Jacobs et al.，2014；Nomaguchi，2009），并在 20 世纪 90 年代，被欧盟各国和经济合作与发展组织排在各类新风险之首。已有研究显示，妻子是家庭劳动的主要承担者（Baxter et al.，2008；Booth & Van Ours，2009；Gupta，2006），其中，育儿和照护老人是家务劳动中的重点工作。育儿工作需要会与市场工作冲突，老人照护工作也会与市场工作冲突，两项冲突最终造成的是女性难以在家庭工作和市场工作之间较好地寻求平衡。

育儿对女性的就业会产生负面影响。首先，育儿会降低女性的劳动参与率，并且这一影响呈上升态势（陆利丽，2014），育儿还可能成为雇主性别歧视的借口（计迎春等，2018）；另外，中国儿童看护服务供给已经从原来的国家或单位提供转为由市场提供，儿童照顾等服务的价格持续上升，这会抑制中国女性的劳动参与（彭青青等，2017），正式育儿教育资源价格会影响女性参加工作的决定（Heckman，1974），正式幼儿教育成本的上升和可及性下降会降低女性的劳动参与率和劳动时间（Doiron & Kalb，2005；Viitanen，2005）。其次，育儿会影响女性的职业生涯发展，生育孩子往往会使得女性则推迟其的职业发展（Bukodi，1998）。再次，育儿会对女性的工资水平的产生负面的影响（贾男等，2013）。

育儿压力可能最终会降低女性生育意愿，造成生育率下降。一方面，女性在参与社会经济活动中提高了社会地位，这使得女性更加自主地在生育和避孕方面作出决策，而日益加剧的家庭和工作冲突，使得其作出降低生育的决策（计迎春和郑真真，2018）；另一方面，女性在市场劳动中的工资的增加使得生育的机会成本增大，进一步导致会生育率下降（Galor &

Weil，1993），流动人口生育水平低于非流动人口也印证这一点（李丁和郭志刚，2014；尹文耀等，2013）。

照护老人也会负面影响女性的就业。大量研究表明，照护老人会显著降低女性的劳动参与率（范红丽和陈璐，2015；黄枫，2012；马焱和李龙，2014；Bolin，Lindgren & Lundborg，2008；Crespo，2006；Ettner，1995；Heitmueller，2007；Van Houtven et al.，2013）。照护老人责任使得女性的工作时间显著减少（Ettner，1996；Johnson & Sasso，2000；Spiess & Schneider，2003；Van Houtven et al.，2013）。照顾老人存在"收入惩罚"，即照顾老人会降低女性的收入水平，（刘柏惠，2014；Carmichael & Charles，2003；Heitmueller，2007；Van Houtven et al.，2013）。家庭老人照料还会提高女性退休的概率（Jacobs et al.，2014；Meng，2012；Van Houtven et al.，2013）。

第二，性别歧视的风险。尽管男女平等的水平大幅提高，女性的社会地位得以较好的改善，但性别歧视问题仍旧普遍存在，进一步会使女性的家庭－工作冲突更加凸显。在劳动力市场上，性别歧视主要包括雇用性别歧视、职业性别隔离、"玻璃天花板"和薪酬性歧视（颜士梅等，2008）。性别歧视的存在，使得相比于男性，女性在获取职业和晋升方面有更大的压力，需要付出更多的努力。例如，在相同的受教育水平情况下，女性的职业发展机会比男性少（Krowas，1993）。有研究显示，性别歧视导致唯有能力较强的女性才能进入到证券分析行业中来（Kumar，2010）。在职业发展方面，女性的晋升标准一般比男性要高，女性需要表现出比男性更高的胜任能力（卿石松，2011；Eagly & Carli，2003）。这是因为，女性员工因为非市场因素而中断工作的概率比男性大，唯有当女性员工的能力大到可以弥补这一劣势时，女性员工才能获取晋升机会（Lazear & Rosen，1990）。性别歧视造成和加剧了性别工资（李实等，2014；王美艳，2005），这一差异在工资分布的低端表现得更加明显（葛玉好和曾湘泉，2011）。部分女性甚至因为上述的性别歧视情况退出社会劳动（丁仁船和骆克任，2007）。

第三，家庭经济风险。在"双就业家庭"模式盛行的背景下，女性参加市场劳动对于家庭经济收入十分重要。女性的工资收入可以为家庭提供更多的经济支撑（Rogers & DeBoer，2001），当家庭的收入发生波动时，妻子的工资收入可以使家庭消费水平保持相对稳定（Dynarski et al.，1997），女性的工资收入还可以用来对冲不确定风险（Attanasio et al.，2005）。

两个人挣钱维持一个满意的家庭收入很重要（彼得·泰勒－顾柏，2010），女性退出就业，会加剧女性贫困（钟晓慧和郭巍青，2018），不仅如此，对于只有一方有薪酬收入的家庭，其贫困率比双方都有薪酬收入高出 3~6 倍（彼得·泰勒－顾柏，2010）。

第四，离婚风险。按照新古典的家庭分工理论（Becker，1981），家庭夫妻社会劳动收入高的一方，更多地参加社会劳动，另一方则更多的承担家务，女性的社会劳动收入一般比男性低，所以做家务的时间更多一些，这样的分工模式是比较有效率的。但是目前家庭分工出现了怪象，即尽管女性的社会劳动收入比从事家务劳动的影子价格低，不少女性仍然会选择参加社会劳动（Lehrer & Nerlove，1981），日本和韩国"脱主妇化"的社会现象反映了女性正在规避风险、"为自己而活"（吴小英，2014）。特别是，当下离婚率水平逐增，会导致"离婚威胁"现象发生，即女性为了"自保"，会更多地参加市场劳动，提高人力资本的积累水平，来预防和减少离婚事件发生所导致的经济损失，并最终导致低效率的家庭分工（陈钊等，2004）。伦德伯格和波拉克（Lundberg & Pollak，1996）也发现，有更高收入一方在面临离婚时，自我支撑更强、协商地位更高。这一离婚威胁理论与夫妻在社会性别方面的分歧会不断加剧女性面对劳动力市场性别歧视和新社会风险背景下的家庭离婚困境。

第五，其他的女性个体化风险。女性还面临着一些其他的个体化风险。高夏丽（2019）从个体化视角研究了农村妇女进城务工行为，认为她们独自承担一切未知的风险，特别是在制度环境不完善的情况下，其自身的权益和权利难以得到充分保障。

女性在个体化的过程中面临着较多的个体化风险，已有研究重点关注了女性的家庭与工作冲突、性别歧视、家庭经济风险、离婚风险等议题，内容较多，涵盖了女性个体化中面临的大部分个体化风险。既然女性面临如此复杂的个体化风险，这些风险是否进一步催生了人身风险值得进一步研究，如健康风险、个体化风险对女性寿命的影响等。女性个体化风险较为复杂，还需要建立一整套的理论框架来整合现有研究，形成较为系统和完善的女性个体化风险理论体系。

（4）社会个体化与社会治理风险。

前文的梳理可以看出，社会个体化带来诸多的个体化风险，这些个体化风险又会给社会治理带来影响，衍生出社会治理风险。主要体现在，社会个体化造成个体更加关注自身，集体意识降低，社会需要重构，社会治理方式需要进行调整。李恒全和陈成文（2016）认为社会纽带松弛、人际关系冷淡、集体意识缺失，给中国社会治理造成了挑战。谢向阳和淦家辉（2014）还指出中国社会的个体化表现出高自主性、高流动性、高隐秘性和高度"物化"等特征，重构社会的任务较为复杂且困难。有学者提出了较为具体的个体化社会中的社会治理对策，例如，李文军和朱稳根（2013）认为在个体化社会，政府有必要采取措施降低民众的公共风险，并强化民众应对风险的能力。文军（2012）认为在社会个体化背景下，国家政策要更加关注个体或少数群体，如底层群体和弱势群体。冯莉（2014）认为国家有必要改革社会保障制度，来应对青年群体的社会压力，钱亚梅（2018）则认为，国家有必要加强制度保障以提高居民认知和应对个体化风险的水平。

社会治理风险是社会个体化给国家治理社会带来的新挑战，已有研究对社会治理风险的分析还相对薄弱，对于如何优化社会治理方案来应对社会治理风险的研究也处于相对初级的阶段。因此，学界有必要在梳理社会个体化及个体化风险的基础上，更加系统地分析社会治理风险，并以此为基础，提出更加全面、有效的社会治理方案。

2.2.3 风险感知与保险购买行为

毋庸置疑，风险增加会导致居民更多地感知到风险，促使其采取措施规避风险，这是因为高风险将会使居民处于恐惧、焦虑、沮丧等负面情绪中，居民会主动采取措施解除或者缓解这种状态（Cho & Lee，2006；Cooper & Faseruk，2011），并且个体的自觉威胁严重性越高、自觉威胁易遭遇性越强越能激发个体产生这种保护动机（Rogers，1975）。风险感知与风险防范行为成正相关（Dash & Gladwin，2007）。中国学者李华强、郝辽钢和范春梅（2009）也发现，处于高风险环境中的居民往往会采取风险规避行为来缓解压力。

另外，情绪还会对居民的风险感知产生影响，积极的情绪使居民更加乐观的评价风险，而负面的情绪则会使居民更加悲观地对风险水平作出评估（Johnson & Tversky，1983）。例如，居民焦虑情绪、恐惧情绪的增加会提高其对风险的感知水平，促使居民采取更多的保护行为（杨维等，2014；Lerner et al.，2003；Lemer & Keltner，2001）。

居民在面临和感知风险中会采取措施来缓解风险带来的负面影响，保险是居民管理风险的重要手段，特别是在风险感知这一居民最终作出投保决策的根本性因素（Lindell，Hwang，2008）的影响下，购买保险可能成为居民感知风险后规避风险的一项重要措施。田玲等（2015）证实了这一点，发现居民的风险感知水平与其保险需求显著正相关。在巨灾风险方面，高风险区域的居民的巨灾保险需求较高，低风险区域的居民对巨灾保险的需求较低（Ganderton et al.，2000），对巨灾风险感知水平越高，居民就越愿意购买巨灾保险（Botzen et al.，2012；Wang et al.，2012）。在洪水保险需求方面，洪水风险感知水平越高居民越会主动采取措施来规避风险（Botzen et al.，2009），居民面临洪水侵蚀的风险越高其洪水保险需求越大，并且高风险地区的洪水保险覆盖率低于低风险地区的洪水保险覆盖率（Landry & Jahan-Parvar，2011）。在地震保险需求方面，卓志和周志刚（2013）发现居民的地震风险感知与地震保险需求之间存在正相关关系。在健康保险需求方面，王晓全和孙祁祥（2011）发现"非典"疫情发生后，居民增加了商业健康保险的需求，但这种影响只具有短期效应。

可以看出，保险是居民应对风险的重要手段，风险大小以及风险感知程度与居民的保险购买需求之间呈正相关关系，这一点无论在理论分析还是实证分析中都得以证实，这些已有的研究成果为社会个体化与商业保险购买行为的相关研究提供了较好的理论基础。

2.2.4 个体化风险与商业保险购买行为

社会个体化导致了个体化风险，特别是个体化风险背景下居民增加了较多的负面情绪，表明个体感知到了个体化风险，社会个体化以及个体化风险是否促进个体通过配置保险应对个体化风险呢？本书梳理了传统组织支持、社会流动性以及女性个体化与商业保险购买行为关系的相关文献。

传统组织支持对于个体发展十分必要，已有研究发现其与个体的保险购买行为之间呈负相关关系。阮永锋（2018）认为宗族网络越强，农户购买商业保险的可能性就会越低、保费支出水平越低。在家庭支持方面，子女数量、土地面积和家庭储蓄等越多，农民工购买养老保险的意愿就会越低（姚俊，2010），家庭社会支持功能水平越大，农民就越不愿意参加养老保险（孙中伟等，2014），家庭支持度与农民工的城镇职工医疗保险的参保意愿呈负相关关系（胡芳肖等，2019）。

不少学者研究了社会个体化中人口流动对居民保险购买行为的影响。廖海亚和游杰（2012）指出，人口流动导致流动人口面临的风险增加，增强了流动人口的保险意识，提高了其意外伤害保障、医疗保障等需求。于长永和李敏（2015）发现社会流动性的增强能够显著增加农民购买商业养老保险的意愿。流动人口参加保险存在城乡、区域、个人特征、工作状况等多方面的异质性（秦立建、惠云和王震，2015；林李月和朱宇，2009；吕学静和李佳，2012；尹志锋等，2010）。

女性个体化对女性商业保险购买行为影响的研究成果相对丰硕。第一，育儿压力会促进居民购买商业保险。少年儿童抚养率的提升会促进居民购买商业人寿保险（卓志，2001），低生育率也可能会促进居民通过商业保险提供保障，子女数量为一个或者两个的家庭参加商业养老保险的比例更高（袁雪梅等，2018）。另外，少儿抚养比越高越能促进居民购买商业健康保险（齐子鹏等，2018）。第二，照顾老人的压力会促进居民购买商业保险。养老负担会促进居民购买商业人寿保险（卓志，2001），特别是能够促进居民购买商业养老保险（甄明昊和邱扬等，2017）以及商业健康保险（齐子鹏等，2018）。还有学者发现购买养老保险可以提高居民的安全感（童玉林等，2015）。第三，家庭经济压力会促进居民购买商业保险。这是因为，女性考虑到就业歧视、家庭与工作冲突可能会使之减少劳动参与的时间，甚至退出劳动市场，家庭收入来源主要会集中在更加少数的成员身上，难以从其他地方获得收入，家庭内部抵御风险的能力降低，就会增加人身保险需求（樊纲治和王宏扬，2015）。第四，现代性别观念也会促进女性购买商业保险。随着现代化进程的推进，以及女性就业和社会保障工作的大力开展，女性逐渐变得更加独立自主，而年轻一代的这种独立性会提高其对商业养老保险的购买（Zerriaa & Noubbigh，2016）。第五，"离婚威胁"促进女性购买商业保险。有研究发现，日益增长的离婚和分居的比例，在很多情况下造成经济困难，尤其是对母亲（彼得·泰勒-顾柏，2010），单亲家庭的生活水准只及一般家庭的 60%（Chambaz，2001），因为离婚会导致家庭人口规模锐减，家庭中可以共同分担风险的人员数量减少，人们不得不通过保险产品转移风险（樊纲治和王宏扬，2015），刘宏和王俊（2012）也发现，家庭规模越小，居民商业保险需求越高。离婚的女性会增加健康保障需求，她们会为了保障健康质量而增加劳动供给（Zimmer，2010），也有研究表明医疗保险具有"婚姻锁"的功能，降低了离婚率（Chen，2019）。另外，女性往往会因为预防由于离婚、丧偶等事件可能造成的收入降低和财务压力风险而购买离婚保险和人寿保险（Greene & Quester，1982；Westland & Christopher，2011）。廖海亚和游杰（2012）认为婚姻家庭关系的不稳定为"爱情保险"的发展提供了可能，因为"爱情保险"能够为离婚后女方提供一定的利益保障。

关于社会个体化与居民保险购买行为研究，主要集中在间接研究，即通过研究传统支持与居民保险购买行为的关系间接研究个体化风险促进居民对基本保险的需求；社会流动增加了居民的基本保险购买行为；女性群体中育儿压力、照护老人压力、家庭经济压力、"离婚威胁"等个体化风险促进了女性群体购买商业保险。可以看出，关于社会个体化或者个体化风险与居民商业保险购买行为的研究还处于较为初级的水平。社会个体化过程包括不同的环节，不同的个体化环节与居民商业保险购买行为的关系的研究比较薄弱，不同个体化群体视角下的个体化与商业保险购买行为研究相对零散，关于青年群体个体化与商业保险购买行为的关系、农民工群体个体化与商业保险购买行为的关系的研究尚不多见，尽管关于女性议题的个体化风险与商业保险购买行为关系的研究相对丰富一些，但从整体上研究女性群体个体化与商业保险购买行为关系的成果凤毛麟角。

2.3 研究述评

通过上述文献可以看出，国内外学者对社会个体化这一议题给予了广泛关注，研究了个体化的内涵、制度变迁对社会个体化的影响、社会流动性对社会个体化的影响、科技发展对社会个体化的影响、不同个体化人群（如青年群体、农民工群体以及女性群体）的个体化现象。学者们还对社会个体化与个体风险的关系进行重点研究，探究了社会个体造成个体化风险的机理、社会流动视角下的个体化风险、科技化视角下的个体化风险、不同群体（如青年群体、农民工群体和女性群体）的个体化风险，以及社会个体化造成的社会治理风险等。进一步，风险增加会提高居民的风险感知，引发负面情绪，促进居民利用保险管理风险，以缓解压力与不适，这为个体化风险促进居民购买商业保险提供了理论支撑。已有文献重点从传统支持、社会流动性、女性群体特定的个体化风险等方面分析了社会个体化和个体化风险对居民商业保险购买行为的影响。有关社会个体化、个体化风险与商业保险购买行为的研究，已经较为丰富，但还存在一定的拓展空间。

社会个体化的未来研究方向。第一，总体上，可以进一步强化社会个体化的异质性研究以及社会个体化水平的评价研究。第二，在政策制度变迁方面，可以进一步通过实证来研究不同的政策制度影响社会个体化的内在机理以及影响效应，还可以加强现有政策制度对社会个体化影响的预测性研究。第三，在社会流动性方面，可以继续研究社会流动频度、社会流动程度、个体因素等对社会个体化的影响。第四，在科技化对社会个体化的影响方面，可以继续从更多维度、视角来分析科技化对社会个体化的影响。第五，在特定群体方面，可以继续探究乡村振兴背景下的农民工个体化问题；加强女性个体化的异质性研究、个体化综合水平的评估与预测研究。

个体化风险的未来研究方向。第一，在总体上，可以加强实证研究，分析不同的社会个体化行为造成个体化风险的内在机理，并梳理、细化、完善个体化风险的种类。第二，在科技化方面，可以进一步研究科技化在促进社会个体化过程中引致的身体健康风险以及就业风险等。第三，在特定群体方面，可以继续关注个体化中青年群体的健康风险等；农民工个体化风险中的讨薪难问题、社会地位低等问题，以及乡村振兴背景下农民工个体化风险变化；个体化对女性健康和寿命的影响，特别是有必要研究一个理论框架来整合现有的女性个体化风险。

社会个体化、个体化风险对居民商业保险购买行为研究的未来方向。社会个体化引致较多的个体化风险，对个体的影响较大，促进个体管理个体化风险十分必要，但已有文献对个体化风险的管理的研究相对薄弱，特别是通过商业保险管理个体化风险的研究少之又少。需求的力量是巨大的，通过实证方法研究社会个体化、个体化风险与个体的商业保险购买行为关系，可以探明社会个体化以及个体化风险对个体保险购买行为是否有影响、怎样产生影响，以及产生多大的影响，这对于准确把握个体化社会居民对保险购买行为的新趋势，并进一步优化保险业发展，提高居民的个体化风险保障水平十分重要，对于促进社会个体化理论、个体化风险理论以及保险购买行为理论融合研究也有较大的理论意义。具体地，可以从三个方面发力，继续研究社会个体化、个体化风险与商业保险购买行为的关系。第一，研究个体化过程中的不同环节对商业保险购买行为的影响。社会个体化包括，居民"脱嵌""为自己活"等一系列环节，不同环节的个体化行为对居民商业保险购买行为的影响可能有所不同，从社会个体化过程中不同环节层面探明个体化与居民商业保险购买行为之间的关系，对于进一步管理个体化风险十分必要，而已有研究对此关注较少。第二，研究不同群体个体化的行为对其商业保险购买行为的影响。社会个体化存在较为明显的群体特征，不同群体在社会个体化中面临的风险有所不同，不同群体本身就存在较多方面的异质性，研究不同群体在个体化中对商业保险购买行为，有利于探明整体性的社会个体化对商业保险购买行为的影响。第三，研究社会个体化、个体化风险影响商业保险购买行为的调节效应和中介效应。探明社会个体化影响居民商业保险购买行为的作用机理，有助于我们深刻理解社会个体化以及个体化风险为何以及怎样影响居民商业保险购买行为，对保险业优化保险产品与服务，进一步把握和满足社会个体化背景下居民保险购买行为，有效提高居民保障水平也十分必要，而通过实证的方法，研究社会个体化影响居民商业保险购买行为的相关中介效应和调节效应则是解决上述问题的关键。

第 3 章

中国社会个体化概述

长期以来，中国社会都呈现出明显的集体化特征。新中国成立后实施了计划经济体制，集体主义氛围较为浓厚，改革开放以来，随着计划经济体制向市场经济体制的转变，中国呈现出了较大程度上的个体化。本章从制度变迁、科技进步以及文化变迁三个视角来总结中国改革开放以来的社会个体化的现状。

3.1　制度视角下的社会个体化

新中国成立后，在党和政府的领导下我国逐渐恢复生产，各项制度，如就业制度、教育制度、户籍制度等，不断建立和完善。大体上，以改革开放为分界线，改革开放之前，国家整体上在计划经济体制下推行配套的制度，这一阶段无论在城市还是在农村，社会呈现出较高水平的集体主义特点，改革开放以后，国家整体上在社会主义市场经济体制下，改革原有制度，推行新的制度，社会个体化的特征逐渐呈现出来。

改革开放以来的体制和制度变迁较为明显地促进了中国社会个体化发展。计划经济体制向社会主义市场经济体制转变，促进了经济发展从中央集权管理到市场化个体相对自由竞争；家庭联产承包责任制度的实施、人民公社的逐渐解体，使得农民生产和生活更加自主、自由；国有企业制度改革、城市单位组织逐渐瓦解，大量的城市居民从原来的"单位人"转变为"社会人"；户籍管理制度改革，城镇化水平不断提高，大量农民离开家乡进城务工，独立生活；计划生育制度的实施，家庭人口规模逐渐减少；男女平等国策的实施，促进女性更加独立自主的参与市场劳动，逐渐发挥了"半边天"作用。

总体而言，多方面制度的变迁，促进了中国在经济发展、社会结构、居民生活等诸多领域的个体化。鉴于集体化与个体化是相对的概念，只有了解集体化的社会状态，才能比较清晰地体现出体制和制度变迁后的社会个体化状态，本章也介绍计划经济体制及其配套制度下的集体化社会状态，以凸显改革开放以来的社会个体化状态。

3.1.1 经济体制转轨与社会个体化

新中国成立以来，中国的经济和社会发展总体上经历了计划经济体制和社会主义市场经济体制两个阶段。计划经济体制下，国家实施计划经济，以人民公社制度管理农村经济发展和社会生活，以单位制度管理城市经济发展和社会生活，无论是在农村还是在城市，经济发展和社会生活都呈现出了较强的集体化特征。自改革开放以来，经济体制逐渐从计划经济体制过渡到社会主义市场经济体制，人民公社逐渐解体，单位制度日渐瓦解，中国在经济和社会生活等方面逐步呈现出个体化特征。

3.1.1.1 计划经济体制与集体化

（1）计划经济体制下的集体化。

在计划经济体制下，生产资料所有制包括全民所有制和劳动群众集体所有制，分配制度是按劳分配，实际上按劳分配逐渐演化为平均主义。在这种制度下无论在城市还是在农村，个人除了必要的日用消费品外，几乎没有任何私有财产。个人行为（如生产活动等）也几乎完全受集体支配，受到集体的限制。在价值观方面，很大程度上，国家是唯一的利益主体，国家的价值观就是个人以及集体的价值观，个人和集体的行动方向较为明显地体现国家意志。个人的利益要绝对服从于集体利益，个人利益被盲目地否定，个人或者个别单位不能以各种形式追求自身利益。总体而言，计划经济体制体现出明显的集体主义，对个体性具有一定的抑制性。计划经济体制片面地强调国家、集体和全局的利益，往往忽视个人和局部的利益，重视个人义务，却忽视个人权利。

（2）农村人民公社制度与集体化。

人民公社制度是我国在计划经济时期进行乡村治理的正式体制，是国家基层政权组织与乡村社会经济组织相结合的组织，成立于 1958 年，并于 1983 年正式废止。

人民公社制度下，在生产资料所有制度方面，所有生产资料以及农户几乎所有的生活资料公有；在分配制度方面，供给制与工资相结合，供给制为主，农户在公共食堂免费吃"大锅饭"，其他生活必需品则在供给制度下得到分配。生产和生活资料基本归公所有，分配中的平均主义使得农民的生产的积极性逐渐丧失。

人民公社集体组织、全面管理农村经济发展和社会生活，农民在生产和生活方面完全依靠集体，在集体组织的管理下统一生产、统一分配、统一思想甚至还统一消费，社员的生产和生活内容趋同。国家逐步建立了城乡二元分割的户籍制度，农民不能随意向城市流动，被牢牢地束缚在农村。农民的生产活动仅仅是执行由国家指令下达的任务，没有生产自主权，并接受平均主义的劳动分配，农民的意志没有得到尊重，农民利益不能得到保护。在这样的所有制制度和分配制度下，农民的积极性受到严重影响，生产效率低下，"出工不出力""磨洋工"等现象普遍。农村自留地、家庭副业、集市贸易等均被强制取消，小商小贩、手工业、服务业等被合并进入公社，商店被撤销或改造为国营，供销社被改为国营，市场经济几乎全面消失。总体上，农民个人的生存与发展空间被严重压缩，生产自由和生活自由被严重地限制。

（3）城市单位制度与集体化。

计划经济时期，国家在城市实施单位制度。单位主要包括政府单位、事业单位、企业单位，单位是国家在城市的政治、经济和社会体制的基础。国家通过单位制度对城市居民进行集体化管理。在单位制度管理下，城镇居民的就业由国家安排分配，国家按照计划下达计划编制指标，劳动者一旦占用了特定的工作指标，就相应地确定了自己的身份（例如，是干部身份还是工人身份），且不能自由择业，工作变动也相对较难。以国营企业为例，干部的流动由上级行政机构做出的任职决策决定，干部工作调动的频率较低，普通员工也不能随意流动，工作调动需要办理正式手续，得到所在单位领导以及接收单位领导的双方面批准，如若单位不批准，居民就无法改变自己的单位归属，且工作调动往往还局限于同一地区以及同一所有制类型的单位范围之内。

单位为城市居民提供了全方位的福利安排。国营企业的生产资料归属全民所有，这一性质使得进入国企工作的职工享有社会财富主人的地位，因此，单位给劳动者提供了工资收入和各类福利保障，例如，住房、退休金等社会福利。单位一般都具有较为完善的服务机构设置，例如，学校、食堂、理发店、浴室、商店、医院等，为劳动者在生老病死涉及的方方面面提供周全的服务。国家对不同工作、不同身份的劳动者的权利和福利待遇都做出明确规定，并严格执行这一规定，这也导致了分配制度的平均主义。这是因为，无论干部还是普通员工，都是单位的主人，在工作稳定，身份难以变动的情况下，每个人的福利待遇水平基本保持不变，个人的利益与工作效率无关，"干多干少一个样""干好干差一个样"。居民在单位工作，能力与业绩并不重要，重要的是与周围的领导和同事处理好关系，这样就能在单位中享有较好的处境。相反，个体在工作中表现出的高效率抑或好业绩，会与他人产生工作表现方面的竞争性气氛，在平均主义的分配背景下，不利于与单位相关其他成员的关系，甚至招致来自集体其他成员的恶意中伤之类的行动。个体的能动性、创造精神、冒险精神受到了极大的限制。

个体的生活等一切大都依赖于单位，离开单位，个体难以生存。职工生活行为，如结婚登记、旅店住宿、购买车票等活动都要提供单位工作证或者单位介绍信。单位制度下的个人受到了国家强有力的控制，个体自由空间被大大压缩，个人甚至丧失了自主意志，放弃了个体化的选择，也难以对社会现象作出独立评判。

3.1.1.2 社会主义市场经济体制与个体化

计划经济对于新中国成立初期的经济恢复与发展起到了十分积极的作用，但随着发展这一经济体制也存在一定的弊端。例如，忽视市场调节作用，限制了计划经济运行主体的自由度、积极性，过度强调个体对集体和社会无条件服从，忽视了社会个体成员的利益诉求与个体化需求，等等。这些弊端不利于我国继续发展。1992 年，中国共产党第十四次全国代表大会确定了要建立社会主义市场经济体制改革的目标，自此以后，中国经济体制逐步从计划经济体制向社会主义市场经济体制转变。在市场经济体制下，计划经济体制社会的集体主义特征逐渐淡化，无论是生产资料的所有制还是分配制度，也无论是经济发展还是社会生活，都呈现出了较为明显的个体化特征。

（1）社会主义市场经济体制下的个体化。

社会主义市场经济体制是中国改革开放建立的经济体制，这一经济体制下的生产资料所有制，坚持公有制经济为主体，多种所有制并存的所有制结构；收入分配制度，坚持按劳分配为主体、多种分配方式并存。所有制度和分配制度从一元化、集中化转变为多元化和相对分散化。经济成分也变得更加多元化，既包括公有制经济，又包括其他所有制经济，如个体经济、私营经济、外资经济、混合所有制经济。市场经济，是通过市场配置社会资源的一种经济形式，市场主体以买、卖的角色参与到市场经济活动中来，从事各种交易。市场经济允许竞争，与计划经济相比往往更具效率和活力。市场经济的发展促进了中国社会个体化，居民个人的个体意识增强，利益主体多元化，劳动力市场流动性增强，甚至极端个体化现象出现。

①居民个体意识增强。计划经济时期，社会集体化发展，居民更多地服从集体规范和集体利益，一旦违反集体规定或损害到集体利益，居民就会受到相应的惩罚、谴责等。在市场经济中居民更多地摆脱了传统集体的约束，个体更加自由、自主，追求自我，更多地把自我利益和目标放在第一位，并根据自我需要来决定自己的价值定位，以维护自身利益，实现自我目标。总而言之，市场经济下，个体意识兴起，集体意识逐渐淡化。

②利益主体多元化促进个体化。经济成分多元化以及收入分配制度的多元化，进一步促进了利益主体的多元化和个体化。计划经济时期，利益主体就是国家和集体，即便城市单位和人民公社各级组织也都无条件服从于集体和国家，单个组织，如特定单位、特定人民公社或个人，难以自主经营并获得个体利益，也因此引致了普遍存在的效率低下问题。而社会主义市场经济，更加尊重个体的劳动成果和利益，在制度层面促进个体利益的实现与扩大，更加注重考虑个体生存与发展，强调个人奋斗、自由公平竞争，调动了个体的积极性。市场经济中的个体也在制度的指挥棒下，从自身利益出发作出种种选择，经济活动的自主性增强。

③劳动力市场的流动性增强促进个体化。市场经济下，个人在经济组织中流动性大大增强，跳槽现象比较普遍，个体对特定企业的归属感逐渐减弱。个体会根据薪资待遇、个人兴趣等因素选择自身需要的工作，追求个人效用最大化。高频率地更换工作，居所漂泊不定等流动性增强，这导致居民对集体利益意识淡薄，集体归属感减弱，与此同时，其来自特定集体的支持也相应减弱，个体化风险提高。

④极端个体化现象出现。市场经济呈现出更多的个体化的特征，允许居民公平竞争，追求自身的正当利益。市场经济注重个体的独立、自由与平等，尊重、保护和发展个体的正当利益，鼓励经济主体在特定条件下追求自身利益最大化，各方利益主体的利益诉求公开化。市场经济，更加体现个体性和主体性，注重个体存在的价值，居民个性得到充分发展，个性

张扬，主观能动性得以充分发挥。

（2）乡村治理改革与个体化。

改革开放以来，国家在乡村治理方面实施了一系列的改革，改革开放以后，人民公社逐渐解散，乡镇政府逐渐建立，村民委员会作为群众性自治组织协助乡政府在本村的行政和生产工作，逐步做到群众的事由群众自己依法办，农村民主管理特征日渐突出。另外，由于建制乡（镇）村规模偏小、数量偏多带来了诸多问题，自 1986 年以来，全国各地开始推行撤并乡（镇）村工作，全国乡镇数量和行政村数量大大减少，乡镇的规模扩大，行政人员精简，乡镇政府对农村的控制逐渐减弱，农村管理由集体化逐渐转为个体化。

伴随着乡村治理改革以及市场经济的快速发展，农民不再单一地依靠农业生产来谋生，部分农民进入乡镇企业劳动，成为乡镇企业工人，部分农民进行家庭作坊式的商业活动，并逐步发展为个体工商户，少量农民凭借自己的智慧和企业家才能开办企业，成为企业主，还有大量农民进城务工，成为农民工，总之，农民从事的劳动活动多元化，农民的身份和角色也变得多样化，也促进了农民在生产和生活方面的个体化。

（3）城市治理改革与个体化。

改革开放以来，国家在城市治理方面也进行了诸多重大改革，例如，国有企业改革，就业从统包分配逐渐转变为自由择业。国家在城市还逐渐改变了以往对职工住房、医疗、养老等福利大举包揽的做法，职工个体逐渐承担一定的相关费用，例如，住房逐渐靠职工自行承担，医疗、养老增加职工自行承担的成分。"单位人"逐渐变为"社会人"，工作和生活自主性均增强，呈现出愈加明显的个体化特征。

①国有企业改革促进个体化。改革开放以来，国家对国有企业进行了系列的改革，逐步给国有企业扩权、让利，国有企业单位逐渐有了更多的财产和经营的自主权，提高了企业的经营效率。在员工层面，国有企业对员工实施了奖金制度，奖优罚劣，更加考虑个人的利益，职工工作的积极性大有提高，生产效率改善明显。尽管一系列的国有企业单位改革，受到

原有制度惯性的影响，但仍然是有进步的。

②就业制度改革促进个体化。计划经济时期建立的统包统配的就业政策逐步给国家造成了就业方面压力，政府逐渐引导就业者自谋职业。1986年，国务院发布了《国营企业实行劳动合同制暂行规定》，该规定提出企业在招聘工人时基本上统一实行劳动合同制，国营企业的工作岗位不再是"铁饭碗"，1994年，劳动部发布了《关于全面实行劳动合同制的通知》中要求应基本在全国范围内实行劳动合同制度。学校也不再负责毕业生工作分配的事宜，毕业生找工作需要自行联系用人单位并进行双向选择。就业制度的市场化，使得就业找工作更加成为求职者个人的事，能否找到工作，找何种工作更多依靠求职者自身。

③福利制度改革促进个体化。计划经济时期，住房由国家提供，将建造好的房子以福利的形式分配给在单位工作的人，他们向单位交纳少量的租金即可，但是这一政策导致了较大的住房供给压力。国家逐渐改革城市原有的建筑住宅以及分配住房的政策，开始允许私人建房和买房，私人可以拥有自己个人的住宅。政府在住房分配方面也进行了改革，国家开始出售公房，曾经采取了以国家、单位和个人分别按照一定的比例支付房价的方式向职工出售公房，以补贴租金的方式向职工出租住房，职工以标准价格购买公房部分产权的方式购买公房，公积金制度等多种方式改革住房制度。城市职工不再享受近乎无偿获取住房的福利。

另外，在劳动保护福利方面国家也进行了改革，国家不再对职工的医疗、养老等方面的保障统包统揽，增加了个人自我承担部分。1998年以来中国建立起了城镇职工医疗保险制度，职工及其单位要参加城镇职工医疗保险，保费由单位和职工按照一定的比例共同缴纳。在基本养老保险改革方面，养老金筹资方式由原来的单位缴费和国家财政拨款，转变为国家、单位和个人共同负担，目前养老金筹资包括用人单位和个人缴费以及政府财政补贴三个部分。在失业保障方面，国家建立了失业保险制度，职工通过缴纳失业保险金为自己的失业风险提供一定的保障。

3.1.2 户籍制度改革与社会个体化

计划经济时期，农村人口曾大量流入城市，给城市的就业、粮食供应、住房等带来了巨大压力，为了解决这些问题，国家开始对农村人口流动行为进行管制，并逐步建立了城乡二元结构的户籍制度，1975 年修订后的《宪法》取消了居民居住自由以及迁徙自由的条款。

户籍制度的实施构建了中国的城乡二元结构，乡村人口和城市人口被户籍制区分开来，两类型的人口被分别封闭在各自所在的区域，空间流动（特别是农村人口流向城市）、职业流动等都变得极为困难。农民的生产和生活都依赖于生产队、生产大队和人民公社的管控，离开这些组织，农民生存举步维艰，个体的发展受到了极大的限制。城市的个体则被固定在特定的单位中，单位为其提供生存需要的条件和资源，离开单位，城市居民则难以生存。改革开放以来，城镇化和工业化快速推进，城市对劳动力的需求大大增加，国家逐渐放松了人口流动的管制，允许农民进城，甚至落户生活。目前，国家规定城区常住人口在 300 万以下的城市以及小城镇要全面取消落户限制，城区常住人口在 300 万～500 万的大城市要全面放宽落户条件。《2021 年国民经济和社会发展统计公报》显示，2021 年全国人户分离的人口突破 5 亿人，达到 5.04 亿人。

户籍制度管控逐渐放松的背景下，特别是，社会主义市场经济得以大力推行，统筹城乡发展政策的实施，户籍制度对农村人口的束缚大大减少。部分农民参加了非农业工作，例如，运输业、养殖业、家庭作坊、乡镇企业。大量的农民离开乡村进入城市务工，进入收益较高的区域、领域工作。20 世纪 80 年代末，农村人口向外流动的趋势明显，形成了 1988～1994 年"民工潮"。当下，城市常住人口中，往往有很大比例的人口是非户籍人口，农民工在非户籍人口中占比较高。

农民进入城市务工，形成了两个方面的个体化现象。一方面，农民进入城市工作，背井离乡，独立奋斗，自己寻找工作，为了攒钱养家，不辞劳苦地坚守工作岗位，赚钱养家成为其在城市生活的主旋律，生活质量难以得到保障。另一方面，尽管户籍制度松动，但是落户往往存在一定的门槛，居民往往在没有户口的情况下在城市工作。然而，户籍制度与住房、教育、医疗、劳动保护等制度联系在一起的情况仍未完全消失，没有户口农民工的孩子受入学受教育的机会很少，农村的医疗保险制度也难以在农民看病就医时发挥有效作用，因此农民工往往是只身一人进城务工（部分是夫妻双方共同进城务工），将年迈的父母、幼龄的孩子、自己的配偶留在农村，这样形成了大量的留守老人、留守儿童、留守妇女人口，这些留守人口更加依靠自己在农村生活，来自完整家庭下的成员的照料、呵护、帮助减少。截至 2010 年底，中国已经有 4700 万留守妇女（叶敬忠、吴惠芳和孟祥丹，2015）；截至 2016 年底，我国 60 岁以上农村老年人口约 1.2 亿人，其中农村留守老年人已近 0.5 亿人（邹波和叶敬忠，2018）；2018 年，全国共有农村留守儿童 697 万余人[①]。

3.1.3　计划生育制度与社会个体化

为了加强人口数量的管理，我国逐渐建立并实施了计划生育制度。1978 年，宪法规定国家提倡和推行计划生育。1982 年，中共中央、国务院发布了《关于进一步做好计划生育工作的指示》，要求实行并提倡一对夫妇只生育一个孩子，大力提倡晚婚晚育，同年，实施计划生育成为我国的一项基本国策。伴随着计划生育制度弊端的出现，国家不断放松了生育管制，双独二孩政策、单独二孩政策、全面二孩政策陆续出台。

计划生育政策约束了家庭的生育数量，导致家庭规模普遍减小。独生子女家庭的数量大幅增加，所占的家庭比重也越来越大。截至 2015 年底，中国独生子女人口为 2.246 亿人，城镇家庭中，"双独"家庭占 11.9%，

---

① 中华人民共和国民政部官网，http://www.mca.gov.cn/article/gk/tjtb/201809/2018090001 0882.shtml/.

"单独"家庭占 40.8%（李汉东、王然和任昱洁，2018）。家庭成员数量减少，家庭呈现小型化趋势，平均家庭户规模从 1990 年的 3.96 人，减小到 2020 年的 2.62 人①。独生子女家庭的孩子，失去了兄弟姐妹的关系，仅剩下堂兄弟姐妹或表兄弟姐妹，随着独生子女结婚生子，其孩子少有舅舅、姨、姑姑、叔叔等亲戚，亲戚数量减少，家庭以及亲戚关系在简化，亲人之间的联系也在减弱，亲戚观念在淡化，受此影响，居民对我国传统节日的重视程度也在降低。

计划生育制度下，家庭培养的孩子更具个体化特性。受计划生育制度的影响，很多家庭孩子少量化，独生子女家庭数量增加，家庭中的长辈和亲人给了孩子充分的关注，倾注了其大量的情感，有求必应，娇惯孩子的行为盛行，孩子被当作"小公主""小皇帝"来对待，逐渐造成孩子在日常生活和学习中更多地以自我为中心，关注自身的成长以及发展。

3.1.4　家庭联产承包责任制度与社会个体化

计划经济时期，土地等生产资料归集体所有，农民在人民公社的各级管理下，进行集体劳作，缺乏自主性，整体效率低下。20 世纪 70 年代末，人民公社制度难以继续实施，国家逐渐放松对农村的管控，在这一背景下，安徽凤阳县小岗村的村民自发地"包干大户"，取得了较好的经济效果。1982 年，中央一号文件对土地家庭联产承包责任制度给予充分的肯定，家庭联产承包责任制度逐渐在全国范围内推行开来。家庭联产承包责任制在后期，实际上基本上以"包干到户"的形式实施，农户承包土地后，自主投入资金、生产经营，土地经营的收获在扣除国家的征购任务以及集体提留后，剩余部分都属于承包户的，如此一来，家庭逐渐脱离了生产队成为相对独立的经营主体和核算单位。"包干到户"的政策使得农村土地的使用权与所有权分开来，农户自主经营，付出最大的努力，保证劳动的数量

---

① 《中国家庭发展报告（2015）》和《中国统计年鉴（2021）》。

和质量，投入必需的生产资料，在农业生产中获取最大的收益和效用，私人财产不断积累，农民的"理性经济人"特征也逐渐体现出来，至此，农民在人民公社的集体生产生活中解放出来。总而言之，家庭联产承包责任制度能够较高地协调集体利益与个体利益，较大地激发了农民的积极性，农业生产的个体化程度越来越高。

3.1.5 妇女解放与社会个体化

性别不平等的问题在世界范围内由来已久，在中国也是如此。新中国成立以来，妇女解放政策自上而下实施开来。1949 年新中国成立后，中华全国民主妇女联合会成立，推进维护妇女权益、促进男女平等重要工作。1950 年《中华人民共和国婚姻法》出台，中国实施婚姻自由、一夫一妻、男女平等的婚姻制度。1954 年，宪法规定妇女在政治、经济、文化和家庭生活的各方面均享有同男子平等的权利。社会主义改造完成后，私有经济基本消失，公有制经济逐渐建立起来，劳动者无论男性还是女性，都成为国家的主人，男女同工同酬，女性获得了较为平等的社会地位。总体而言，新中国成立以后伴随着国家对妇女解放工作的大力推进，女性在政治、经济、教育等很多领域都获得了相对平等的地位。

但是，随着改革开放政策的实施，经济转型，无论在干部任用，普通工作岗位的获取，都引入了竞争元素。女性干部占比下降，女性就业等也遇到了巨大困难，这引起了政府高层的重视，中国自上而下再次发出了保障妇女合法权益的声音，并通过差额选举的办法解决了这一问题。1992年，《中华人民共和国妇女权益保障法》得以审议通过，保障妇女各项合法权益从此有了法律依据。在中国一系列的妇女解放工作推动下，中国妇女逐渐享有相对平等的各项权利。妇女们走出家庭，走向劳动力市场，撑起了中国的"半边天"，逐渐独立起来，个体化特征凸显。关于中国妇女社会地位发展的情况，全国妇联联合国家统计局分别于 1990 年、2000 年、2010 年开展了三期中国妇女社会地位调查结果显示，男女受教育水平差异减小，养老和医疗社会保障水平的男女差距缩小，女性参与决策与管理水平提高，在个人事务决策和家庭重大事务决策上，女性个体的意见发挥愈加重要作用，在家务分担方面，男女更加平等地分担家务，女性更加从家务劳动中解放出来。

此外，在政治参与方面，女性参与度不断提高，全国人大代表中女性代表不断增加的人数和女性代表占比均不断提高（详见图 3.1）。

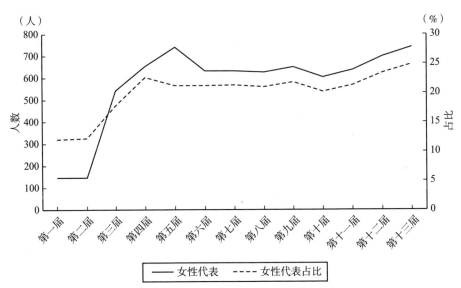

图3.1　历届全国人大代表中女性代表数量及占比情况

资料来源：中国统计年鉴（2021）［M］. 北京：中国统计出版社，2021。

3.2　科技视角下的社会个体化

历史上科技发展经历了蒸汽革命、电气革命以及信息化革命，科技革命给生产和生活带来了崭新的技术支撑，较大地改变了居民的生产和生活方式。在社会变迁中，科技发展实现了技术替代人，降低了劳动力密集度；增加了居民虚拟生活，居民独处的时间增加；个性化产品和服务供给能力提高，满足了居民个体化需求。总之，在社会个体化发展过程中科技起到了重要的助推作用。

3.2.1 科学技术替代劳动力与社会个体化

科技发展促进技术替代人，生产劳动的集体性减弱，个体化增强。蒸汽革命与电气革命为生产带来了崭新的科学技术，生产逐渐呈现出机器化的特征。在农业方面，自1978年以来农业机械总动力不断增加，拖拉机使用量也大幅增加（详见图3.2）。在工业方面，中国工业机器人产业快速发展，2020年工业机器人装机量为16.8万台，居世界首位（详见图3.3），在工业生产中发挥的作用越来越大。机器通过动力机与传动装置代替人力，人们逐渐从繁重的体力劳动中解放出来，通过管理、配合机器进行生产，整体上，劳动力的密集程度大幅下降。机器替代人，体现在生产的诸多方面。例如，在汽车生产中，焊接、喷漆、装配等诸多环节有机器臂直接完成，生产的自动化程度很高；方便面生产中，从和面、注油、形成面板、烘干、包装、装箱、库存等一系列工作均实现了自动化；在仓储运输工作中，全自动分拣、机器臂智能打包、机器人智能运输。科技的发展，使得偌大的生产车间，由少数的个人来操控，生产的效率大大提高。在以前的生产中，工程师、技术工人、管理人员占少数，普通体力劳动工人占多数，随着科学技术的发展，生产更多依靠知识、信息与技术，机器大生产背景下，体力劳动者在减少，脑力劳动者的数量在增加。特别是，信息革命的到来，使得信息成为完成经济活动的重要元素，机器生产，甚至使得整个生产体系都变得智能化，进一步解放了体力劳动和脑力劳动，居民主要通过计算机联网来控制机器生产，以及整个生产体系的运转，工作重点升级为设计、编制、维护各种生产用的系统和程序，生产变得信息化、智能化。总而言之，科技发展实现了技术替代人，劳动力密集度大幅下降，以前居民主要靠手工劳动，人数多，工作节奏相对较慢，居民生产的集体性较强，工作中人与人之间的交流较多，但是科学技术的应用使得生产节奏大幅提高，用人减少，人与人之间的交流明显变少，集体性生产向个体化生产转变。

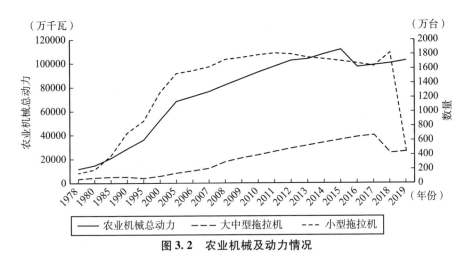

图 3.2 农业机械及动力情况

资料来源：中国统计年鉴（2020）［M］. 北京：中国统计出版社，2020。

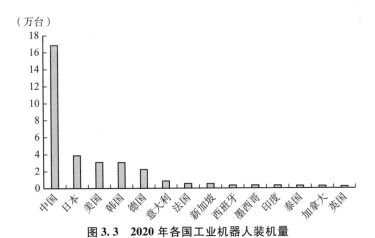

图 3.3 2020 年各国工业机器人装机量

资料来源：国际机器人联合会. 世界机器人 2021 工业机器人报告［R］. 2021。

3.2.2 科学技术打造虚拟世界与社会个体化

在电子终端设备普及、互联网技术广泛应用的背景下，居民更多地参与虚拟活动，现实中与人的沟通与合作减少。电子设备给居民的生产和生活带来了无限的便利。从传统的电视、收音机、台式电脑，到现在的笔记本电脑、平板电脑、智能手机、智能手表、智能手环等，从简单的音频内容，到音频与视频内容融合，从简单的通话和短信，到集工作、生活、休闲、娱乐，如在线会议、线上购物、线上电影、线上订餐、线上订票、互联网搜索引擎、自媒体、网络游戏等众多功能于一体，电子设备的种类不断增加，技术不断更新，功能不断丰富。另外，互联网技术也快速发展，从传统的互联网技术到移动互联网技术，再到现在如火如荼的 5G 技术，互联网逐渐成为电子设备离不开的底层技术，成为世界联通的载体，离开了互联网，电子终端的多数功能将难以得到充分发挥，也正是有了互联网技术，电子设备为人类服务的空间才无限广阔。

居民在成长中，伴随着互联网技术的发展，电子终端技术的更新，他们借助电子设备丰富、便利生活与工作，如通过电子设备观看电视剧、电影、相声等娱乐节目，接收气象信息、新闻信息，线上购物、查询所需资讯等内容，进行生活沟通、工作沟通，通过 App、微信小程序等使用软件提供的各种功能，满足自己的需要。居民互联网的广泛使用可以反映在快速增长的互联网用户以及互联网流量。《中国统计年鉴（2021）》的数据显示，2020 年，中国互联网宽带接入端 94604.7 万个，移动互联网用户 134851 万户，移动互联网接入流量为 16556817.2 万 GB。

总而言之，居民使用的智能电子终端的深度和广度都达到了空前的状态。居民将愈多的以前靠在现实中完成的活动转移到智能电子终端，生活、工作均是如此。居民与智能电子终端的互动越来越多，与现实中的人的互动明显减少。以前的走亲访友活动等一定程度上被发短消息、打电话等替代，以前有多人参加的线下游戏由网络游戏替代，以前人与人之间的问题探讨由互联网搜索替代，饭桌上大家沉默着与自己的电子终端互动。人们生活在自己的电子终端提供的无限大的虚拟世界里，人与人之间见面少了，相处的时间少了，特别是在生活和工作节奏加快的当下，这一问题更加凸显。往日居民的集体生活场景减少，当下个体的独自生活增加。

3.2.3 科学技术满足居民个性化需求与社会个体化

科技发展大大满足了居民的个性化需求。例如，自媒体正在满足居民自由表达的需求。自媒体，如微博、微信、QQ、知乎、快手、抖音等，快速发展起来，得到居民的广泛青睐，微博日活跃用户达 2.52 亿、月活跃用户达 5.82 亿，微信及 WeChat 月活跃用户达 12.9 亿，微信小程序日活跃账户数突破 5 亿，快手日活跃用户超过 3.45 亿，抖音日活跃用户超 4 亿。[①] 这些自媒体可以便利居民完成特定需求，如沟通、产品销售等，还允许居民在很大程度上自由地表达。居民可以在朋友圈发表自己的感想，分享自己的生活，发表自己的见解，让自己的表达更加自由、更加个性，在自媒体的平台上居民淋漓尽致地享受个性绽放的快感。另外，科技发展还满足着居民对产品和服务的个性化需求。科技发展，让生产更柔性，使得企业能够提供批量生产的同质化产品和服务外，还能根据客户的特定需要提供个性化的产品与服务，特别是在社会个体化发展的背景下，居民的个性化的需求成为市场的大趋势。大到提供客户喜欢的颜色和配置的汽车、个性化的装修方案、高端的服装定制，小到蛋糕个性化设计，这都离不开科学技术的发展。可以说，技术推动了社会个体化发展，个体化发展后的居民又产生了个体化需求，进一步促进了科技发展，如此循环。

3.3 文化视角下的社会个体化

集体主义文化在中国有着较深的历史渊源，"公而忘私，国而忘家"，"个人利益要服从集体利益，局部利益要服从整体利益"，这些都是我国集

---

① 2022 年微博第一季度财报、2022 年微信第一季度财报、2022 快手第一季度财报以及《2021 抖音数据报告》。

体主义文化的真实写照。但改革开放以来，在制度变迁、西方文化冲击以及科技发展影响，个体主义文化在中国凸显出来。

3.3.1　制度变迁促进个体化的文化发展

在计划经济时期，无论在城市还是农村，生产资料均归公有，人民是国家的主人，在分配中实施平均主义，生活必需的资料由国家统一分配，个人利益无条件服从于集体和国家利益。个体的生产活动均由国家通过各级组织加以管理，个体意志很大程度上受到限制。改革开放以来，社会主义市场经济逐渐发展起来，公有制经济为主体，多种所有制经济共同发展，在分配制度方面，按劳分配为主，多种分配方式并存。社会主义市场经济鼓励竞争，尊重个体的合理利益。经济体制的转轨及伴随着一系列制度的变迁，例如，农村人民公社解体、土地承包责任制实施、城乡二元结构的户籍制度的松动、城市国有企业改革、就业市场化等。在这样的制度变迁背景下，个体逐渐从集体中解放出来，表现出"经济人"的特征，以自身利益作为标准来判断行动方向，追求个体利益最大化，利益诉求逐渐公开化，能动性被充分调动，充分绽放个性，个体主义文化逐渐形成。

3.3.2　西方个体主义文化冲击促进个体化的文化发展

改革开放以来，中国逐渐提高对外开放的水平，与西方经济往来增多，文化也进一步融合。以电视节目为例，《中国统计年鉴（2021）》的数据显示，中国 2020 年电视节目进口总额为 9.62 亿元，其中进口于欧洲和美洲的电视节目金额占 37.78%，电视节目进口量为 6932 小时，其中进口于欧洲和美洲的电视节目量占 39.17%。西方个体主义文化特征突出，对中国集体主义文化造成了较大程度的冲击。西方文化更多地以个人利益作为判断标准来指导自身行为，把追求个人利益当作理所当然的事。西方以个体主义为核心的社会思潮涌入中国，对人们的观念产生了影响，居民生活中的分餐行为、聚会 AA 制付费、穿个性化服装、个性张扬、公开化追求个人利益等，都是居民在一定程度上受到西方文化影响而个体化的例证。

3.3.3 科学技术助推个体化的文化发展

科学技术发展使得生产方式更加个体化，重要的是在这一个体化的生产方式下培养了个体化的生产文化，科技发展还使得个体化产品与服务供给成为可能，居民个体化需求不断增加，形成了需求层面的个体化文化。另外，互联网技术的发展，智能终端设备的普及，还为个体文化的高效传播提供了重要的载体。总之，科学技术在个体化文化的形成与传播方面起到了重要的助推作用。科学技术的发展，使得生产从劳动密集型的手工劳动，转变为机器化大生产以及智能化生产，生产的节奏加快，机器对人的替代水平提高，生产同样数量的产品和服务，劳动力的投入减少，人与人之间在工作中的沟通减少，特别是伴随着科技的发展，劳动的专业化分工更细，居民被分配到生产流程的特定环节，业务交叉往来减少，个体化增强。在这样的个体化生产方式下，居民之间的交往减少，只对自己的工作负责，追求自己的利益最大化，个体化文化形成。科学技术的发展还使得生产更具柔性，能够向消费者提供个性化的产品和服务，满足消费者的个体化需求。例如，限量版服装、首饰、汽车，以及按照消费者个体偏好与需求设计的产品（如特定文本和图片的礼物）。以科学技术为支撑的柔性化生产在满足居民个体化需求的同时，进一步激发了消费者的个性化需求，追求个性化的产品与服务甚至逐步形成了一种文化。

此外，互联网等技术不断发展，为传媒提供了底层技术支撑，促进了个体化的文化的传播。西方个体化的文化通过书籍、民间交往等传统方式传播效果相对有限，互联网技术和智能终端的应用为个体化文化的传播提供了传统方式所无法比拟的效率与空间。智能手机、笔记本电脑、平板电脑、公共电子荧屏，这些电子设备连接互联网后，就成为个体化文化内容的传播载体，居民不断通过浏览、观看等方式学习和吸收个体化文化，同时居民也通过网页、自媒体等，发布自己创作的不同形式的个体化文化内容，还与亲朋好友、网友等互动，探讨和交流个体化文化。在个体化文化的传播形式方面，传统的传播形式线上化，例如，纸质书籍、期刊等线上宣传和销售，民间组织的文化交流活动线上化，不仅参与者可以进行个体化文化的交流，活动整体上也可以包装成一档节目、一个作品在网上传播，影响更多的人。个体化内容的形式包括电子书籍类出品，自媒体的个人感想、所见所闻、自己制作的小视频，微电影，音乐，电影，电视剧，综艺节目，纪录片，体育赛事，等等。例如，传播女性个体化文化的电视剧《二十不惑》《三十而已》《太太万岁》，以及综艺节目《乘风破浪的姐姐》《女儿们的恋爱》等在互联网媒体的传播下引起了社会对女性独立自主等文化的广泛关注。在个体化文化的传播效率方面，互联网让世界自由连接，无论是个体化文化的传播还是居民在个体化文化方面的交流都可以在极短的时间内完成，且个体化文化的传播所需费用相较于传统方式大大降低。总而言之，科学技术为个体化文化的传播提供了广阔的空间与较高的效率。

3.4 本章小结

本章主要从制度变迁、科技进步与文化发展三个方面总结了改革开放以来中国社会个体化的情况。制度变迁中的社会个体化主要包括计划经济体制向社会主义市场经济体制转变对中国社会个体化的影响，户籍制度改革、计划生育制度与家庭联产承包责任制度的实施、妇女解放运动的推进对中国社会个体化发展的影响。科技进步中的社会个体化主要包括科技发展促进技术替代人、生产劳动的集体性减弱和个体化增强；科学技术为居民创造了虚拟活动空间，人们在现实中的合作与沟通减少，独处的时间增

加；科学技术的发展大大满足了居民的个性化需求。文化发展中的社会个
体化主要包括制度变迁促进中国个体主义文化发展、西方个体主义文化冲
击促进中国个体主义文化发展、科学技术助推中国个体主义文化发展。本
章比较翔实地介绍了中国社会个体化的情况，为第 4 章进一步分析居民面
临的个体化风险提供了必要基础。

第 4 章
中国社会个体化风险与个体化风险保障现状分析

改革开放以来，伴随着制度变迁、科技进步与文化发展，中国传统的集体主义生产生活方式和文化发生了转变，社会个体化的特征愈加明显，社会个体化发展成为社会变迁的一个重要趋势。社会个体化发展，意味着居民要经历"脱嵌""再嵌入""为自己活"等一系列个体化的过程。从传统的环境、组织中脱离出来，这直接导致传统支持的减弱甚至丧失，进入新的环境，适应新的制度，居民面临着新的挑战，自己独立生活，自由、自主地制定生活和工作计划，独自承担失败、受挫等种种风险。在特定群体个体化方面，女性群体个体化是一个典型，女性群体正承担着诸多个体化风险。社会个体化发展伴随着个体化风险的产生，现有的基础性社会保障制度难以对全部的个体风险提供充分的保障，商业保险作为风险管理的一个重要工具以及基础性社会保障制度的补充，为更加充分的保障居民个体化风险提供了可能。

4.1 中国社会个体化风险分析

4.1.1 "脱嵌"行为与个体化风险

"脱嵌"是个体化过程中的一个重要环节,离开原来的组织与制度,失去传统的支持,同时还要适应新的环境与规则以生存下来,这一过程往往会使居民面临种种风险,例如,心理健康风险、身体健康风险、人身安全风险、财务风险、失业风险等。制度变迁、科技进步等因素增加了社会流动性,提高了经济活动的竞争性,扩大了居民虚拟生活的空间与参与度,这些因素给城乡居民,特别是农民工、青年群体等带来了诸多风险。

4.1.1.1 健康风险

居民在脱离了传统环境和制度后,会遇到各类问题,需要适应新的环境,如若难以在"再嵌入"环节处理好生活和工作,往往会导致较大的心理负担,甚至导致心理疾病,特别是,在个人产生"脱嵌"行为,但限于制度、条件等,不能实现所在组织(如家庭)的整体性"脱嵌",会造成"脱嵌"者与其所在组织成员分离,原有组织的整体性被打破,组织成员之间必要的、和谐的关系失去平衡。例如,农民工进城务工后,留守儿童、留守妇女、留守老人群体逐渐出现,这些群体的心理健康与身体健康风险往往比生活在完整家庭的人群要大,备受各界的关注。

(1)农民工的健康风险。

改革开放以来,户籍制度逐渐松动,城镇化与工业化加快推进,劳动力需求大大增加,大量农民进城务工。农民工进城务工后,很大程度上失去了原来村庄与宗族的保护与支持。尽管国家对城乡人口流动放松管制,但农村人口进入城市后,获取户口往往有特定的门槛,能够获取户口的农民数量较为有限，没有户口，就意味着在城市工作，难以享受与户口挂钩的社会保障、教育、医疗、住房等方面的政策。没有城市户口，农民工往往购房受限，也难以享受贷款利率等优惠政策，工资收入水平还普遍较低，多数的农民工在城市无力购房。然而，中国家庭文化较为浓厚，有了属于自己的住房，居民才会有归属感、安全感和幸福感，在无房状态下，农民工生活体验差、幸福感较低。此外，非户籍人口往往在城市的社会地位较低，在城市中处于边缘化状态，归属感普遍偏弱。农民进入城市，工作时间长且稳定性低，与当地人往往在生活方式、行为方式、思想观念、文化等多方面存在差异，难以与当地人较好的融合，这造成外来人口与当地人口在生活、工作等方面隔离开来。总体上，部分外来人口在城市可能会处于边缘地位、弱势地位，产生无助感、焦虑感、不安感和孤独感。

新生代农民工不同于第一代农民，在城市的时间较长，其生活方式、受教育水平、消费方式、思想理念有较大的不同。第一代农民工，进入城市，辛勤工作，积攒薪水，维持自己和农村家庭的生活，较多的人想攒足了钱回农村继续生活。新生代农民工享受城市生活，在娱乐、个人发展等方面支出相对较多，他们长期耳濡目染城市文化，习惯了城市现代的生活方式，对城市有一定的归属感，有一定的留在城市生活的意愿。然而，新生代农民工在现有户籍制度约束下，仍然在很大程度上无法享受市民身份的就业政策，子女难以享受市民子女的受教育政策，也不能享受城市社会保障政策，诸如基本医疗保险、基本养老保险、失业保险等。因此新生代农民工同样像原生代农民工那样，不能完全地融入城市。另外，城乡社会保障制度仍然处于二元结构状态，在城市难以获得充分的城市社会社会保障，而农村社会保障，如新型农村合作医疗的仍存在转移接续问题，农民工看病难、看病贵的问题还存在，若有病不医，还存在进一步演化为灾难性疾病的风险。

（2）农村留守人群的健康风险。

农民离开乡村，进入城市务工后，由于不能够享受与城市户口挂钩的市民待遇，不得不将孩子、老人、伴侣滞留于农村，在日渐"空心化"的农村，形成了大量的留守儿童、留守妇女、留守老人，这些人群相比于正常家庭的人群往往存在更大健康风险。

①留守儿童的健康风险。留守儿童得到父母的照料有限，受此影响，其健康风险可能增加。父母外出务工后，对孩子照料和关爱减少，缺少了陪伴与情感呵护，影响孩子的健康成长。受限于父母的时间和空间距离，留守儿童往往只能通过电话、网络视频等方式与父母进行有限的沟通，他们渴望父母的陪伴与守护，渴望父母抚慰自己的烦恼、纾解自己的困惑。由于在成长期间得不到亟须的关怀与照料，留守儿童的身体和心理健康水平往往比正常生活的儿童要低。留守儿童患病或患慢性病的概率比一般的儿童要高（李强和臧文斌，2010），留守时间越长，焦虑程度越高（范芳，2008）。

②留守妇女的健康风险。留守妇女面临着较大的健康风险。这是因为妇女往往需要照顾老人、孩子，还要操持家务，农村妇女往往还要参加繁重的农业劳动，在与丈夫两地分居的状态下，多方面的压力往往会导致留守妇女健康风险增加，与非留守妇女相比，留守妇女更容易生病或患有慢性病（叶敬忠等，2015），心血管疾病发病率明显更高、更年期症状会更明显（邓长玲和赵春芳，2010）。

③留守老人的健康风险。留守老人的健康风险十分值得关注。农村青年人口进城务工，限于空间距离、工作时间等，农村老人往往不得不自力更生，得不到较好的照料和关怀，在晚年疾病缠身、精神无处寄托等因素的影响下，生活质量堪忧。独居留守老人中，身体状况良好，能够正常生活的仅占 16.4%，看病面临多方面的压力有，79% 的留守老人认为自己（和老伴）看病是主要的经济压力，25% 的留守老人认为没有人陪伴，自己去不了导致自己在身体严重不适时不去就医，还有 17.3% 的人认为生病照料护理有很大的困难（邹波和叶敬忠，2018）。留守老人的心理健康风险令人担忧，有 68.8% 的留守老人在过去一年中会经常"担心"，有 50% 的留守老人经常感到"害怕"，有 46.9% 的留守老人经常感到"孤单"（邹波和叶敬忠，2018）。

（3）青年群体的健康风险。

随着就业市场化程度的大幅提高，大量青年群体通过接受教育来参与劳动力市场的竞争，毕业后青年群体走出校园，进入劳动力市场和社会，独立生活和工作，求职、婚恋、住房等诸多事物较大程度上由自己承担，经济压力、心理压力较大，还常常因为工作透支健康。现实中，青年群体有某些不良的生活习惯，如吸烟、酗酒、熬夜、体育锻炼频次少等等，这些客观存在生活习惯均对青年群体的健康带来负面影响。另外，风险社会中的生态环境风险、经济领域的风险、社会领域的风险等均会给青年群体的心理造成影响，引致健康风险（洪晓楠和林丹，2006）。

（4）竞争带来的健康风险。

伴随着计划经济向市场经济转轨，经济主体之间的竞争大大增加，居民工作的节奏加快，工作时间延长，部分公司还实行"996""995"工作制度。在激烈的职场竞争中，居民锻炼身体的时间缩短，休息的时间减少，身体和心理健康风险增加。以上海白领为例，90%以上的白领正在承受着多面压力，其中75.1%的白领表示压力源自工作。[①] 高强度工作给居民带来了较大的心理和身体健康影响信号，值得社会各界给予充分的关注。

（5）科技带来的健康风险。

科学技术在我国快速发展，大量科技成果被转化后应用到生产中来。机器化生产使得居民在生产中的交流大幅减少，人与人之间的关系日益变淡，生产节奏的加快，还导致工人精神高度紧张。另外，在工业化生产过程中，作业人员难免会接触有毒有害的化学性物质，引起职业病，也可能会发生机器伤人事件，影响人们的身心健康。劳动者还可能会因为高频率、高压力的工作导致心理问题。

科学技术的发展和应用还改变了以前居民的交往方式和观念，居民更多地与虚拟网络为伴，通过虚拟网络进行沟通，忽视、减少了现实中的交往，人与人之间的感情疏远，长时间独自与互联网和电子终端设备交互，

---

① 上海外服健康管理中心联合《大众医学》发布的《2019 上海白领健康指数报告》。

还会给居民带来孤独感，甚至是负面情绪。另外，居民长期上网还会受到电子设备辐射，身体活动和锻炼时间减少，还会造成"网络综合征"，如眼疾、颈椎病、腰椎病等。

此外，网络成瘾人群逐渐增多。不少青年长时间上网，沉迷网络，受网络不良内容的影响无法自拔，精神空虚，意志丧失，更有甚者，在打游戏的过程中猝死。有大量的网络成瘾青年，因为上网身体发育受到影响，诸如暴力场景和行为等游戏内容，往往还会造成青年价值观扭曲，引发心理疾病，形成问题青年。据统计，在城市青少年网民中，网瘾青少年约占14.1%，约有 2404 余万人。① 另外，在互联网广泛普及的背景下，伴随着老龄人口占比的增加以及"空巢老人"数量的增长，"网瘾"已经触及老年人群体。2018 年 6 月，中国网民中 60 岁及以上的群体达 7.1%，超过0.5 亿人，老年人过度依赖智能手机患"网瘾"，上网成瘾危害老年人健康，容易引发颈椎病、眼疾、心脑血管疾病，会导致缺乏人际交流、情绪变动大，还容易受到网络诈骗、传销等活动的影响。②

4.1.1.2 人身安全风险

居民在脱离原来的环境后，往往进入新的环境工作和生活，缺乏特定传统支持，一定程度上成为弱势群体，可能受到人身侵犯，人身安全风险增加。科学技术广泛的应用，使得生产和生活中的人身安全风险也大大提高。此外，市场经济体制下，居民开展的经济活动的种类大大增加，其中不乏高度危险、高度污染的行业，使得员工在生产中面临较大的人身安全风险。

外来人口在城市工作中常常遭遇不公平的待遇，甚至是合法权利受到严重侵犯，例如，经常性被强制加班，甚至在生活和工作中受到人格尊严和人身安全的侵犯。留守人口面临的人身安全风险也较为明显。据调查，

---

① 中国青少年网络协会，《第三次网瘾调查研究报告》，2013。
② iiMedia Research，《2018 中国老年人"网瘾"热点监测报告》，2018。

留守儿童因为受到监护人的照顾较少,往往成为人贩子的作案对象,还面临摔伤、骨折、烧伤烫伤、交通事故等为主的意外事故和人身伤害风险,在最近两年在子女外出期间有6.9%的留守老人经历过被偷,1%的留守老人经历过被打,4.7%的留守老人经历过意外伤害,11.9%的留守老人经历过忽然晕倒或跌倒但却没有人在身旁(邹波和叶敬忠,2018)。

伴随着机器大生产兴起,居民从传统的手工劳动中脱离出来,机器被广泛应用于生产中,居民在使用机器生产的过程中存在发生生产性事故风险,如机器伤人事件的发生。科学技术的进步,还促进了中国交通工具的现代化,特别是汽车得到广泛普及,居民出于交通便利较少地步行或骑自行车,更多的是使用汽车代步。中国汽车保有量基数很大,《中国统计年鉴(2021)》的数据显示,2020年中国民用汽车数量2.73亿辆,私人汽车拥有量2.43亿辆。在汽车满足居民个体化出行方式的同时,道路数量有限,汽车数量增多,"马路杀手"大量存在,中国的机动车交通事故案件数量居高不下,每年因为交通事故造成的死、伤、残的后果的人大量存在,增加了居民的人身安全风险。《中国统计年鉴(2021)》的数据显示,2020年中国发生244674起机动车交通事故,造成61703人死亡,250723人受伤,直接财产损失为13.14亿元。

4.1.1.3 失业风险

计划经济时期,无论在农村还是在城市,居民根据国家相关组织的安排来统一参加劳动,农村人口在生产队参加劳动,城市人口则被分配到各个单位参加工作,工作的稳定性很高,农村的"大锅饭"、城市的"铁饭碗"就是现实写照,居民不担心自己会失业。但是改革开放以来,就业市场化,在工作方面居民不再无忧无虑。流动人口失业率上升,受教育程度较低的流动人口失业率更高(国家卫生和计划生育委员会流动人口司,2016)。居民的就业大体可以分为三大类,无劳动合同的就业、有劳动合同的就业以及自由创业。没有劳动合同的就业人群,工作极其不稳定,失业风险较高,不少人在以日结工资的形式工作,可能第二天就会失去所从事的工作。以农民工为例，一般来说，农民工受教育水平较低，参与劳动培训的机会也相对有限，在城市工作中，往往从事基础性工作，如家政搬运工、建筑工人、清洁工、快递员、桶装水运送工、外卖骑手等，就业稳定性相对较差。另外，城市教育资源有限，农民工子女上学入学机会较少，有时还需要缴纳"借读费"，进入的学校往往是私立学校或专门的农民子弟学校，与当地的公办学校相比，师资力量相对较弱，硬件相对落后，对于孩子的学习会产生直接或间接的负面的影响，还可能会对孩子的整体受教育水平以及未来就业产生长远的影响。此外，即便居民在工作中签署了劳动合同，工作相对稳定，合同到期后仍需续签，或另谋职业，在就业市场竞争日益激烈的形势下，无论续签还是再另找工作都存在一定的失业风险。

家庭作坊、夫妻店、中小微企业等组织，往往由自由创业者创立，在不断变化的市场环境、政策环境中自由竞争，自负盈亏。这些经济组织往往资源与技术力量不足，缺乏外部信任以及社会关系网络支持，应对市场风险的能力较为有限，遇到宏观环境风险、资金风险、人员流失风险等往往没有办法应对（杨波，2016）。我国中小企业的平均寿命为 3 年左右①，经济组织一旦破产倒闭就意味着创业者失业，与长期参与特定工作的掌握市场需要的特定职业技能的职工不同，创业者往往扮演着资本、劳动力、技术等要素的综合管理者，技能较为综合，就业收入的期望相对较高，他们进入劳动力市场后往往"高不成，低不就"，再就业相对困难，形成失业风险。

4.1.1.4 财务风险

计划经济向市场经济转变后，我国逐渐取消了一些社会福利，经济活动更多融入了竞争元素，自负盈亏，也即财务"托底"力量减弱，财务收

---

① 央行行长易纲：小微企业融资仅有 6 成来自正规金融机构，平均寿命 3 年，https://www.sohu.com/a/235732409_100160903。

入的不确定性增加，居民个体的财务风险提升。另外，健康风险和失业风险也可能会给居民带来财务风险。

计划经济时期，国家在农村通过人民公社管理经济和社会活动，一切生产资料归公所有，农民在人民公社、生产大队和生产队安排下从事劳动，在劳动分配上"吃大锅饭"，其他的生活资料也由人民公社进行统一分配。在城市，国家通过单位逐级管理城市的经济和社会生活，居民被分配到各单位工作，并在单位大院生活，单位给职工提供了全方位的物品和服务，如住房、粮食、医疗等，在分配方面实施平均主义分配制度。这个时期，居民的生活水平基本上处于平均水平，差别不大，大家不担心"饿肚子"。伴随着社会主义市场经济体制的实施，"大锅饭""铁饭碗"现象逐渐消失，无论在农村还是在城市，经济活动更多地融入了竞争因素，"自负盈亏"，与此同时，国家也对社会福利制度做出了诸多调整，整体的福利水平有所下降。例如，在城市，住房分配制度逐渐取消，免费（或象征性收费的）幼托服务逐渐消失等，总体而言，国家给居民财务"托底"的力量减弱，居民财务收入的不确定性在增加，居民的财务压力加大，这在农民工、小微企业和家庭作坊的经济收入方面有着明显体现。

在日渐市场化的就业领域，用人单位公开招聘，择优录取，农民工受教育水平普遍较低，学历、文凭、技术类证书成为农民务工获取高层次工作的难以逾越的门槛。因此，大量的农民工最终获取的是薪水低、保障少、福利差的工作。农民工在工作中存在同工不同时、同工不同酬、同工不同权的问题。农民工处于弱势地位，常常是干完了工作拿不到钱，农民工"讨薪难"的现象较为普遍。此外，农民进城务工，往往不能兼顾农活，土地闲置下来，农业收入减少，这进一步增加了农民工的财务风险。

社会主义市场经济体制下，私营经济，如家庭作坊、小微企业等如雨后春笋般发展起来，在很大程度上促进了我国居民的就业。私营经济组织基本上以盈利为主要目标，在经营中尽量以有限的投入获取最大的收益，但是限于经营主体的经验、知识、资金、技术，并受行业竞争、国家政策等多方面的影响，收益的不确定性客观存在，不利因素的冲击很可能导致经营主体的收益大幅下滑，甚至破产倒闭。经济组织的效益与经济主体及其职工的收入密切相关，效益的波动给利益相关者带来较大的财务风险。

值得关注的是，社会个体化中居民的"脱嵌"行为引起健康风险以及失业风险还往往会进一步衍生出财务风险。居民健康出现问题，无论是心理健康问题还是身体健康问题都需要到医院治疗，医疗支出在所难免，"因病致贫""因病返贫"现象并不少见，也就是说，健康风险还可能会导致个体的财务风险增加。另外，居民通过参加工作为社会做出贡献，社会才会作为回报给予工作者一定的经济收入，一旦失业，这份收入往往会被切断，个体的财务风险增加。

4.1.1.5 养老风险

制度变迁中生育制度对人口发展的影响较大，计划生育制度使居民生育的数量明显减少，平均家庭规模变小，"421"家庭结构普遍存在。尽管国家对人口生育的管制在逐渐放松，但受计划生育政策及其效果的惯性影响，居民的生育意愿较低，未来人口增长的趋势不容乐观。在我国人口老龄化速度加快的背景下，生育制度变迁使居民从"养儿防老"的养老方式和环境中脱离出来，子女数量减少，养老依靠何种力量？这是较为重要的现实问题。在家庭养老方面，"421"结构的家庭中两位成年人要赡养四位老人，还要照顾一个孩子，无论是经济压力、工作家庭冲突压力还是精神压力都相当大，老人得到子女的照护无论在精力还是财力方面都相对有限。特别是失独家庭，由于种种原因独生子女家庭失去自己唯一的孩子，限于身体等条件，不能再生育孩子，承受着失去孩子的痛苦，面临着老无所依、老无所养的困境，这给他们当下和未来的生活造成灾难性的冲击，政府资金力量有限，养老不能完全靠政府，这就形成了居民的养老风险。在城市，有较高比例的城镇职工拥有养老保险，养老存在一定的保障。在农村，尽管城乡居民基本养老保险制度在实施，但是保障水平相对有限，农村人口的养老保障问题相对突出。

另外，居民的"脱嵌"行为引致的健康风险和财务风险还会进一步衍生出来养老风险。年轻时候的健康问题，往往会对身体造成一定的不可完全恢复的损害，身体健康问题往往会在年老时进一步呈现出来，身体健康问题越多，越会给居民的养老带来负担，表现为养老资金需求增加、人工照护需求增加等，增加养老压力，健康风险会演化为养老风险。客观地，高质量的养老需要足额资金支持，年轻时的财务风险往往会给养老资金的积累造成冲击，养老金不足，生活质量下降，财务风险也可能会进一步演化为居民的养老风险。

4.1.2 "为自己活"行为与个体化风险

在社会个体化的过程中，居民经历了"脱嵌""再嵌入"等环节后，会寻求"为自己活"，带着自己的价值观而活，为自己的利益而活，为绽放个性而活，总之，以自我的意志为中心安排自己的生活、工作。但"为自己活"会导致一系列的风险。

在计划经济时期，农民在生产队劳动，统一听从人民公社、生产大队、的指挥和安排，生活资料也统一得到分配，城市居民则在各单位工作，听从各级单位组织的安排，生活必需的服务和物品由所在的单位提供。居民无须过多地考虑自己要做怎样的计划，听从国家安排即可。但改革开放以来，居民有了更多选择和自由支配的空间。"为自己活"可能会给个体自身带来风险，因为个体为追求自我的目标，而自由独立地作出计划并采取行动，结果有可能完全甚至超额实现个体的目标，结果可能是打折后的目标，也可能与目标背道而驰，事与愿违，还可能要为自己实现的目标付出代价。另外，个体的经验、认知较为有限，个体对自己未来的生活、工作的方向也相对茫然，其作出决策本身可能就存在一定的问题，这些问题在决策的实施过程中会表现出来，可能造成损失。总体而言，居民在"为自己活"的过程中，独立为自己设定目标而奋斗，但无论结果如何，都要由自己承担。

在"为自己活"的生活中，居民为了寻求刺激参加高风险的运动和娱乐活动，如蹦极、跳伞、翼装飞行、坐过山车、爬野山等；任凭喜好，养成不良生活习惯，如熬夜、沉迷网络、暴食暴饮、吃不健康食品（如含有害健康物质的腌制、烤、炸食品）、吸烟、酗酒、不规律运动。这些都会给个体带来较大的人身安全风险和健康风险。以上海白领为例，2014 年以来体检异常率逐年攀升，2018 年体检异常率高达 98.75%，亚健康普遍存在，不良生活习惯是影响上海白领健康的重要因素之一，其中常喝含糖饮料的白领占 30.7%、常吃垃圾食品的白领占 35.3%、抽烟的白领占 6.6%、频繁饮酒的白领占 3.1%。[①]

个体自由创业或选择职业，往往缺乏经验、对自己的认知，以及其胜任工作所必要的技能、资源，在工作中摸爬滚打，事业跌宕发展起伏，职业发展风险突出。特别是当代的年轻人，个性化明显，往往根据自己的兴趣、情绪频繁地更换工作，少有人给予其科学地指导，即便有人指导，也属于建设性建议，是否采纳建议，最后还要由个人自己决定。年轻人在缺乏指导的情况下，对于职业生涯往往缺乏规划，比较茫然，只能追风模仿，或者以试错的方式选择工作，影响了职业发展的效率。

4.1.3　女性个体化与个体化风险

女性解放事业在世界范围内备受关注，新中国成立以来，我国从顶层设计出发，在法律、制度、政策等维度，在政治、经济、文化等角度，做了大的量的女性解放工作，促进男女平等，保障女性合法权益。女性个体化水平不断提高。在这一过程中也产生了特定的问题，如职场性别歧视问题明显存在，家庭事务与劳动力市场中的工作事务的冲突给女性造成巨大

[①] 上海外服健康管理中心联合《大众医学》发布的《2019 上海白领健康指数报告》，https：//www.sohu.com/a/343577659_475472。

压力。总之，女性个体化伴随着一系列的新的问题，这些问题最终导致了个体化风险，如健康风险、失业风险、财务风险、养老风险。

4.1.3.1　健康风险

家庭工作冲突与女性健康风险。随着我国女性解放工作的大力推进，越来越多的女性走出家庭，进入劳动力市场，在工作中实现了自我价值，获得了越来越多的经济自主权。这增加了女性扮演的人生角色，在职场要做刚毅好强、坚决果断的职场人士，在家里要做母亲、妻子、女儿、儿媳等，每一个角色意味着需要女性担当特定的责任，付出特定的精力和心血。女性不仅要担当工作的重任，还要承担较为繁重的家务，照护老人，相夫教子。女性需要在家庭和职场中不停地转换角色，一旦处理不好家庭与工作的关系，如家务影响工作，或职场角色带入家庭生活，或用于职场工作的时间和精力影响了家务工作，就会造成家庭工作冲突的风险，使女性在工作和生活之间顾此失彼，导致女性心理紧张、精神压力增大、情绪不佳，引发心理健康问题。特别是，女性天生普遍体质相对柔弱，再加上周期性的生理期，长期参与高强度市场劳动，并承担家庭繁重的家务，身体健康受到不同程度的影响。大量的女性睡眠不足、休息时间不够，长期处于亚健康状态，身体健康风险较大。众所周知，心理健康与身体健康是健康的两翼，二者相互联系，相互影响，心理健康问题会负面影响身体健康，引发身体健康风险，身体健康问题会负面影响心理健康，引发心理健康风险。

4.1.3.2　职业发展风险

国家赋予了女性较大的与男性平等的权利，在政治、生活、文化等多领域均有体现。女性独立的一个重要的方式是女性进入劳动力市场参加工作获得经济收入，但是由于女性的特殊生理结构、生育需要，就业歧视产生，从入职机会、到升职机会、升职空间，都处于较弱的地位，职业发展存在一定的风险。

（1）就业机会不平等。女性在就业市场面临性别歧视，招聘者往往更加青睐于聘用男性，导致女性就业难度加大，就业机会不平等，且女性就业相对而言集中在辅助性的工作领域，如教育、旅游、文化、家政服务、卫生、手工业等。

（2）职业发展机会少。受生理区别、生育需要、家务劳动承担需要等因素的影响，女性职业发展的机会一定程度上比男性少。女性绕不开生育问题，在生育后，需要请产假，我国规定产假期间工资照发，用人单位出于利益最大化的考虑，尽量减少招聘女性职工。生理结构影响，女性体力普遍不如男性，月经期、生育期也会影响工作。另外，女性进入职场后，前几年往往是业务熟悉期，工作稍稳定，就到了结婚的年龄，生育孩子，孩子往往需要七八年的时间独立，加之女性退休年龄早，总体上用于职业发展的时间女性比男性要少。上述因素导致了女性在升职中能获得的机会相对较少。

（3）职业发展的空间较小。女性解放工作已经得到了大力推进，但仍然存在一定的现实问题。例如，普遍地来看，女性进入组织的顶层概率偏小。多数部门的一把手为男性。

（4）女性失业风险较高。市场经济下，就业已经市场化，"铁饭碗"基本不再存在，求职者与用人单位签订法律规定的劳动合同，确定劳资关系，一旦合同到期，求职者就面临再就业的风险，其中女性劳动力承担着工作和家庭双重重担，在体力、生理等诸多方面不如男性占有优势的现实情况下，劳动合同到期后面临的再就业风险尤为突出。

4.1.3.3 财务风险

女性进入劳动力市场，获得了一定的工资收入，经济更加独立，但是从家庭来看，女性经济收入已然成为家庭经济收入的重要来源，过去依靠丈夫一人养家的局势在悄然发生变化，妻子失业，收入中断，往往会给家庭造成灾难性的影响。处于弱势地位的女性劳动力在就业中相比于男性会面临更大的失业风险，失业就会导致女性失去收入，使女性以及其所在的家庭陷入财务困境。

另外，女性的收入普遍比男性要低，同工不同酬，获得的职业升迁机会少、职业升迁空间小是重要原因。相对低的收入，使得女性较难获得财务上的完全独立。当下，中国家庭婚姻稳定性有所下降，离婚率逐年攀升（详见图4.1）。离婚后，女性恢复单身，经济来源基本依靠自己的工资收入，相比于结婚状态，此时的财务水平下降，生活水平直接受到影响，往往难以应对重大风险事件（如患重疾、失业）冲击。

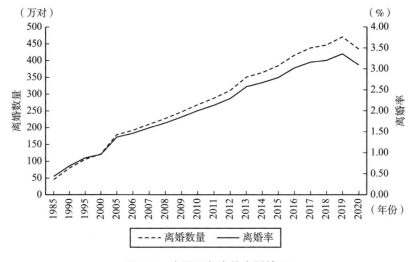

图 4.1　中国历年来的离婚情况

资料来源：《中国统计年鉴（2021）》，中国统计出版社，2021 年。

4.1.3.4　养老风险

中国女性在个体化过程中面临着较强的养老风险，这主要由少子化、离婚风险引致，健康风险、财务风险也进一步提高了个体化女性的养老风险。计划生育制度的长期实施使得大量的家庭中孩子数量减少，平均家庭规模变小，特别是，计划生育制度还存在一定惯性的影响，中国的生育率较低，这给居民的养老带来了巨大挑战。更为重要的是，女性一边参加市场劳动、一边负责家务，双重重担使得女性生育二孩的意愿普遍下降，女性普遍表示没有精力来生育二孩，生育二孩可能会影响工作，引起更大的家庭工作冲突问题。另外，越来越多的女性在经济独立后，选择更加个性化的生活，按照自己的价值观，以自己喜欢的方式生活，追求自由、精致的生活，绽放自己的个性，追求自己的生活和工作目标，不再像以往那样，为了家庭、为了孩子和丈夫选择牺牲自己，女性生育二孩的意愿普遍下降。女性的养老不仅仅需要物质和资金，更重要的是需要人的照顾、呵护，孩子少量化，意味着感情亲近、最可以放心依靠的照护人员减少，这个给女性的养老带来困难和不便，部分独生子女家庭失去了孩子，又因为种种原因不能再生育，女性的养老风险会更加凸显。

婚姻不稳定也是影响女性养老的一个重要因素。离婚后的女性，失去了原有家庭的保护和支持，如若不能成功重新组建家庭，在未来养老中，面临无家人照顾的风险，老年生活质量难以得到保障。

健康风险和财务风险会进一步加剧个体化女性的养老风险。在女性不参加劳动力市场工作的时代，女性将主要精力放在相夫教子、处理家务中，生活节奏相对慢，生活压力较小，健康水平相对较高。但是，女性参加劳动力市场工作后，生活节奏加快，身心压力增加，身心健康问题增多，健康问题往往对身体以及心理造成不可修复的影响，这些负面影响会伴随女性年龄增大，机体的衰老而以各种方式表现出来，疾病和并发症增加，女性老年的生活质量受到健康风险较大的影响。此外，财务风险还可能会使得女性的养老资金储备不足，自己在未来养老的过程中不能购买足量保质的养老服务和物品，造成生活不便。

4.2 中国社会个体化风险保障现状分析

新中国成立以来，中国在社会保障领域的工作一直得到高度重视，社会保障制度从无到有，从有到全。到目前为止，我国建立起了相对完善的社会保障网，将城市与农村居民纳入社会保障中来，社会个体化风险得到了一定的保障。其中，社会保险作为重要的社会保障力量为个体化风险提供了一定程度的保障，但限于社会保险的覆盖范围、保障水平，居民的个体化风险仍存在一定的风险敞口，商业保险成为居民进一步管理个体化风险提供了可能。

4.2.1 中国个体化风险保障现状①

改革开放以来，经过多年的探索，我国已经构建了适用于社会主义市场经济体制的社会保障体系，以社会保险、社会救助、社会福利以及优抚安置为基础，以商业保险、慈善事业等为补充的多层次社会保障体系（详见图4.2）。中国的社会保障体系呈现广覆盖、托底层、再补充的特点，为个体化风险保障起到了至关重要的作用。

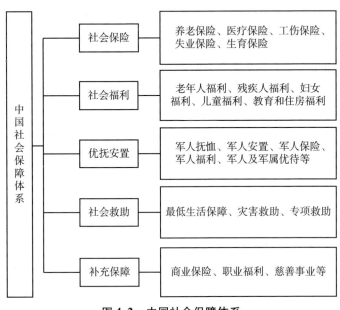

图4.2 中国社会保障体系

---

① 此部分涉及的数据，若未做另外说明，均来自《中国统计年鉴（2021）》，中国统计出版社，2021。

伴随着社会个体化水平不断提高，居民面临的个体化风险逐增，涉及医疗、养老、人身安全、就业等多方面的风险，这些风险给居民造成了较大的压力，需要加以管理。社会保险是我国制定的提高居民社会保障水平的重要制度，覆盖面较广，通过基本养老保险、基本医疗保险、工伤保险和生育保险为我国居民的个体化风险提供保障。2020 年末，基本养老保险、失业保险、基本医疗保险、工伤保险、生育保险的参保人数分别为 9.986 亿人、2.169 亿人、13.613 亿人、2.676 亿人和 2.357 亿人。社会保险基金收入总额较大，支出水平较高，具有一定结余，可以为居民提供了稳定的个体化风险保障。2020 年，社会保险基金收入 83550.4 亿元，支出 75512.5 亿元，累计结余 94378.7 亿元。

在社会中存在一定数量的特困人群，他们因为种种原因陷入极度贫困和无助的生活状态，面临生活难以为继的巨大的个体风险，为此国家制定了社会救助制度，管理这一人群的个体化风险。2020 年，政府为 805.1 万城市居民提供了最低生活保障，为 3620.8 万农村居民提供了最低生活保障，集中和分散供养的农村特困居民，分别为 73.9 万人、372.4 万人。此外，在医疗救助方面，政府为 9984.2 万人参加基本医疗保险提供了资助，资助总额达 189.1 亿元，还提供了 8404.2 万人次的门诊和住院医疗救助，资助总额达 352.4 亿元。

社会保险、社会救助等制度主要是为居民提供了基础性风险保障，居民的个体化风险保障很可能存在风险敞口，补充性保障制度就显得十分重要。在我国补充性保障制度主要体现为企业补充医疗保险与商业保险等，可以为居民管理不同层次的风险提供支持。2016 年底，参加政府承保的企业补充医疗保险的职工为 2.9 亿人[1]，2021 年末，全国有 11.75 万户企业建立了企业年金，参加职工人数为 2875 万人，年末企业年金投资运营规模达 2.61 万亿元[2]。商业保险则通过财产保险、人身保险等产品和服务为居

---

[1] 《中国社会保险发展年度报告》。

[2] 《2021 年度人力资源和社会保障事业发展统计公报》。

民提供风险保障。

4.2.2　中国个体化风险保障存在的问题

中国编织的社会保障网已经在很大程度上为我国居民的个体化风险提供了保障，改善了民生，但仍存在一些问题。较为明显的是，基础性社会保障制度对居民的个体化风险覆盖有盲区，保障水平相对有限，且不能保障所有种类的个体化风险，使得居民的个体化风险保障存在风险敞口。

4.2.2.1　基础性社会保障覆盖有盲区，部分人群个体化风险未得到有效保障

基础性社会保障制度未能覆盖所有人群，受保障范围之外的人群的个体化风险未得到有效管理。工作流动性较强的人员，如搬运工、建筑工、清洁工、快递员、桶装水运送工、外卖骑手等，数量基数大，但是由于工作流动性强，收入不稳定，这些人群往往忽视缴纳社保，另外，这些人员往往没有与就业单位签订劳动合同，雇主往往也不会为其缴纳社保。此外，自由从业者，如家庭作坊、夫妻店经营者，自由撰稿人、部分艺术从业者等，受收入不稳定、保险意识不强等诸多因素的影响，没有参加基本社会保险。这些人群的个体化风险没有得到有效保障。特别是在城乡二元结构下，农村的社会保障，如原来的农村新型合作医疗保险和目前的城乡居民基本医疗保险的携带性较差，农民工等人员在农村参加了社会保险，但是一旦发生就医需求，往往不能在城市医疗单位得到充分、便利的报销，使居民健康风险等难以得到有效的保障，也正因为如此，诸多的农民工等人员不在户籍所在地缴纳新农合等费用，进一步扩大个体化风险敞口。

4.2.2.2　基础性社会保障水平有限，居民个体化风险保障存在敞口

基础性社会保障制度的风险保障水平有限，难以对个体化风险起到足额保障作用。在最低保障政策方面，2020 年，全国城市和农村低保标准的

平均值分别为712.8元（元/人·月）、6567.07（元/人·年）。[①] 在基本养老保险金发放水平方面，2020年，离退休城镇职工获得的基本养老金平均值约为3349.85（元/人·月），城乡居民领取的基本养老金平均值约为174（元/人·月），失业人员领取的失业保险金平均值为1506元（元/人·月）[②]。然而，《中国统计年鉴（2021）》的数据显示，2020年，城镇居民人均消费水平为2250.61元/人·月，农村居民人均消费水平为1142.73元/人·月。从收入与支出的角度来看，无论在城市还是农村，最低生活保障水平与居民的平均消费水平相差较大，离退休城镇职工获得的养老金也仅基本能够维持正常消费，失业者领取的失业保险金收入明显低于城镇居民的人均消费水平。城乡居民的领取的基本养老金水平与农村居民的平均消费水平有较大的差距。

在医疗保险方面，基本医疗保险往往具有一定的起付线、报销比例限制和封顶线，这就造成居民发生医疗支出后，起付线以下的医疗支出得不到报销，起付线以上的部分只能得到一定比例的报销，并且报销额度超过封顶线的部分也得不到报销。总之，基本医疗保险制度下，居民的健康风险保障仍存在一定的风险敞口。在全国卫生总费用方面，根据《中国统计年鉴（2021）》的数据，2020年政府卫生支出、社会卫生支出、个人现金卫生支出分别占总卫生费用的30.4%、41.9%和27.7%，个人的占比仍然较高，居民卫生支出压力仍然较大。在当下，疾病谱发生变化、重疾发生率大幅提高医疗支出普遍增加，通货膨胀明显，养老支出增加的社会和经济背景下，现有的基础性社会保障水平显得相对有限，居民的个体化风险仍然存在一定的缺口，给居民造成了一定的压力。

4.2.2.3 基础性社会保障制度无法覆盖所有个体化风险

现有的基础性社会保障制度，核心地为居民的医疗、养老、失业等风

---

① 中华人民共和国民政部官网的《2020年4季度低保标准》，经笔者整理。

② 《2020年度人力资源和社会保障事业发展统计公报》，经笔者整理。

险提供保障，并为社会面临极度生活困境的人群提供托底保障。然而，社会个体化发展过程中，居民面临的个体化风险较为多元，现有的基础性社会保障制度无法一一保障。例如，对于疾病突发（如缺血性脑卒中、心肌梗死）、意外事故（参加高风险活动发生的意外事故，如蹦极、跳伞、翼装飞行、过山车、爬野山等活动中发生的意外事故；正常生活中的意外事故，如锻炼身体过程中发生意外）、熬夜猝死等情况中的居民伤残和死亡风险，基础性社会保障没有给予充分保障，残疾或死亡事件一旦发生就会造成巨大损失，尤其是残疾的情况还需要长期护理服务，收入中断、照护负担加重、支出增加，给家庭和个人带来灾难性的打击。另外，一旦居民患上疾病，特别是重大疾病，基本医疗保险可以为其提供一定比例的报销，但是由于疾病治疗、疗养康复等造成的工作暂时性中断而导致的收入减少，基础性社会保障暂时还未给予充分的保障。

4.2.3 商业保险与个体化风险保障

基础性社会保障对于居民的个体化风险保障存在一定的不足之处，商业保险作为风险管理的重要工具，是社会保障体系中的补充层面的保障，可以弥补基础性社会保障对个体化风险保障的不足。此外，无论从宏观数据还是微观数据来看，居民对商业保险的需求都在逐渐增加。

4.2.3.1 商业保险保障个体化风险的作用

商业保险属于补充性社会保障，包括财产保险和人身保险，由商业保险公司经营，消费者根据需要自主购买。商业保险在制度设计上，是对基础性社会保障的补充，可以对基础性社会保障制度的风险保障盲区提供补充保障，为居民个体化风险得不到保障的部分、保障不充足的部分，以及保障覆盖不到的人群的个体化风险提供较为有效的保障。商业医疗保险可以为居民提供基本医疗保险保障之外的医疗支出保障，重疾险则可以在居民罹患重大疾病时，一次性给予特定金额的保险金，减轻了患者在疾病治疗过程中因为收入暂时性中断而造成的经济压力。商业养老保险则可以为居民提供特定年龄（一般是法定退休年龄）后的生活提供不同方式的资金给付，如一次性给付、定期（如每月）给付，以及合同规定的其他养老服务等，总之能够为居民的养老减轻压力，提高居民的养老质量。另外，商业保险是居民根据自身需求自主购买，买何种商业保险，买多大的保额等，都由消费者根据自身的经济条件、风险保障需求自行决定，因此居民在面临个体化风险无法得到充分保障时，可以根据自身的需要选择购买商业保险，来自主管理个体化风险。

另外，商业保险属于市场经济行为，经营主体会不断开发、优化产品和服务来满足甚至创造消费者保险需求，推动居民通过商业保险管理个体化风险。根据中国银保监会的数据，截至 2021 年底，中国保险市场上有235 家保险机构，主要提供财产保险和人身保险，他们每年制定业务发展目标、发展战略，以及较为详细的业务发展计划，并在政府和相关部门的监管下进行竞争，最终形成保险行业的整体发展。保险公司都有自己的市场定位，会根据市场调研发现并满足顾客现有的保险需求，并不断发掘顾客潜在保险需求，开发产品和服务创造顾客的保险需求，并通过保险教育、宣传等方式引导消费者购买这些保险，为其个体化风险提供保障。

4.2.3.2 个体化社会中居民对商业保险的需求

总体来说，无论在制度设计上，还是在保险行业发展以及保险经营主体业务发展来看，商业保险都为我国社会个体化发展中居民的个体化风险提供了保障支持，是我国居民应对个体化风险的有效工具。中国社会个体化发展已经成为一种趋势，个体化社会中的居民感知到个体化风险，而风险又不能得到有效、充分保障时，居民往往会选择购买商业保险，我国的商业保险事业也因此获得了长足的发展。

（1）居民的商业保险需求。

伴随着制度的变迁、科技的进步以及文化的发展，我国社会个体化程度愈加明显，居民在社会个体化发展中面临着诸多个体化风险，如健康风险、职业发展风险、财务风险、养老风险等，这些风险由于种种原因得不到有效的保障，给居民造成压力，居民往往选择采取措施来缓解由于个体化风险带来的心理负担与不适，商业保险作为有效的管理风险的风险保障工具，成为居民应对个体化风险的工具选择，随着个体化风险的不断增加，居民的商业保险需求也逐渐增加起来。

较为明显的是，我国诸多的巨灾或公共危机事件，例如，汶川地震、"非典"事件、新型冠状病毒肺炎疫情等，使居民直接感知到了风险[1]，促进了居民购买商业保险。王晓全和孙祁祥（2011）发现"非典"增加了居民的健康保险需求。《疫情后广东省保险消费调研报告》[2] 显示，新冠肺炎疫情增加了居民的风险保障意识，居民购买重疾险等险种的意愿明显增加，近90%的受访者认识到了保险的重要性，超过60%受访者愿意增加保险消费，81.56%受访者愿意购买重疾险。除此之外，不少民众自己也会在日常生活中感知到特定风险，进而增加商业保险的配置。以上海为例，白领群体健康状况堪忧，购买商业健康保险的白领逐渐增加，2018年，白领群体中购买健康保险的占比达74.7%，其中，购买重疾险、住院险、门诊险、失能险、护理险的比例分别为54.1%、46.3%、44.4%、2.7%、2.3%[3]。

（2）我国商业保险的发展情况。

保险行业的发展是保险供需双方结合的结果，因此我国居民对商业保险需求的增加，一定程度上还可以从宏观的保险行业数据反映出来（详见图4.3和图4.4）。2000~2019年，中国保险行业发展突飞猛进，原保险保费收入从2000年的1595.86亿元增长到2020年的45257.34亿元，保险赔付支出从2000年的527.36亿元增长到2020年的13907.10亿元。保险密

---

① 由于这些风险均需要居民个体来应对，也属于个体化风险的范畴。

② 2020年，广东省保险行业协会、中国平安、南方日报、南方城市智库联合对广东省保险消费市场发起调研并公布了《疫情后广东省保险消费调研报告》，报告对广东省主要城市进行了走访调研及问卷调查，共计收到有效问卷5812份，并针对各地不同年龄段、收入段人群进行了一对一访谈，从疫情后保险消费需求变化、购买渠道、消费人群画像等三个维度展开分析。

③ 数据源于上海外服健康管理中心联合《大众医学》发布的《2019上海白领健康指数报告》，https://www.sohu.com/a/343577659_475472。

度从 2000 年的 125.91 元/人，增长到 2020 年的 3204.92 元/人，保险深度从 2000 年的 1.59%增长到 2020 年的 4.45%。

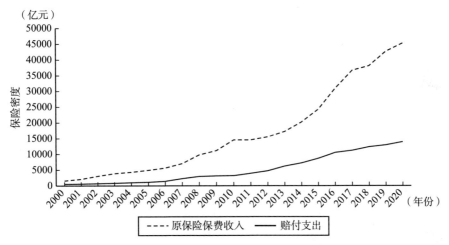

图 4.3　中国保险保费收入和赔付支出情况

资料来源：中华人民共和国国家统计局官网，http：//www.stats.gov.cn。

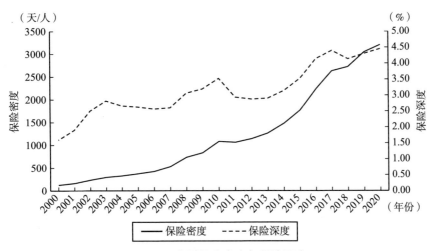

图 4.4　中国保险密度与保险深度

资料来源：中华人民共和国国家统计局官网，http：//www.stats.gov.cn。

4.3 本章小结

本章主要分析了中国社会个体化风险、个体化风险保障现状、存在的问题以及商业保险在保障个体化风险中的作用，旨在为第5~7章的实证研究提供铺垫。在居民个体化风险分析方面，首先，分析了"脱嵌"行为带来的个体化风险，主要包括身体健康风险、心理健康风险，人身安全风险、失业风险、财务风险以及养老风险；其次，分析了"为自己活"行为带来了个体化风险，主要包括"为自己活"给个体自身带来的风险以及给他人和社会造成的风险；最后，从个体化群体层面分析了女性个体化给女性带来的个体化风险，主要包括身体健康风险、心理健康风险，人身安全风险、职业发展风险、财务风险以及养老风险等。

在我国居民个体化风险保障现状方面，首先，介绍了我国现有的社会保障体系；总结了居民个体化风险保障现状；其次，从基本性社会保障覆盖人群有盲区、保障水平有限、无法覆盖所有种类个体化风险，三个方面分析了居民个体化风险保障存在的问题；再其次，从功能定位、行业及经营主体发展角度分析了商业保险保障个体化风险的作用；最后，从微观和宏观层面分析了居民对商业保险需求。

值得一提的是，尽管从前文的个体化风险的分析以及保险数据来看，我国居民的个体化风险逐渐增加，并未得到充分、有效保障，对商业保险需求正在增加，保险业的保费数据明显增加，保险深度和保险密度指标数据也有明显的改善，但是保险需求的增加，是否与社会个体化以及个体化风险有着直接、显著的关系？这是本书需要回答的重要科学问题。为此，本书第5章研究了个体化中"脱嵌"行为对居民商业保险购买行为的影响，第6章研究了个体化中"为自己活"行为对居民商业保险购买行为的影响，第7章则从特定个体化人群的层面研究了女性个体化对女性商业保险购买行为的影响。

"脱嵌"行为对居民商业保险
购买行为的影响研究

"脱嵌"是社会个体化中的一个关键环节,居民通过种种方式脱离传统的组织、环境等,失去心理上、物质上等多方面的传统支持,居民面临的不确定性增加,相应地,各种风险可能逐增,这会导致居民心理压力加大,甚至造成心理疾病,理论上,居民应该会采取措施管理风险,以缓解个体化风险引致的不适。本章通过实证的方式研究"脱嵌"行为是否对居民商业保险购买行为产生影响。

5.1 变量选取、模型构建与描述性统计

5.1.1 数据来源

本章所需数据来自 2015 年中国综合社会调查(Chinese General Social Survey, CGSS)数据库。2015 年 CGSS 项目调查覆盖我国 28 个省(区、市)的 478 村居,有效样本 10968 个。① 清洗数据(删除存在数据异常、

① 不含新疆、西藏、海南和港澳台地区的样本。

数据缺失等问题的样本）后，共得到 9668 个有效样本。

5.1.2 指标选取

5.1.2.1 解释变量的指标选取

根据已有理论，社会个体化包括四个重要层面，即"脱嵌""再嵌入""为自己活"和风险增加，其中"脱嵌"是社会个体化的初步环节，使居民从原来的组织与环境中脱离出来，逐渐失去了传统的支持，增加了居民的风险。按照已有研究，人口流动（罗永仕和韦柳温，2015；于长永和李敏，2015）、科技与互联网的发展（王建民，2010；周长城和叶闽慎，2015）是促进居民"脱嵌"的重要方式。本章选择人口流动指标（*mobility*），作为"脱嵌"行为的主要衡量指标，非流动样本赋值为 0，流动样本赋值为 1。[①] 将互联网使用频率指标（*internet*）用于检验主回归稳健性，上网频率低则赋值为 0，上网频率高则赋值为 1。[②] 没有将该指标用作主回归的解释变量是考虑到，尽管互联网媒介是促进社会个体化的重要因素，但是由于互联网不仅增加了居民个体化的水平，还能从其他方面影响居民购买保险的行为。互联网使用可以提升家庭金融知识水平（魏金龙等，2019），金融知识的增加可以提高我国居民家庭参与商业保险的可能性（秦芳等，2016），另外，互联网的使用降低了居民购买保险的搜寻成本，提高了保险市场的竞争水平，降低了定期寿险的价格（Brown & Austan，2002），降低交易成本，提高了保险的可及性和可担负性（Garven，2002），能够提升顾客服务使用率（Khare et al.，2012），进而促进居民购买商业保险。

---

① 在问题"您是哪一年来到本地（本区/县/县级市）居住的"中，回答"自出生起一直就在本地"的样本被定义为非流动样本，回答了来本地的具体时间的样本被定义为流动样本。
② 在问题"过去一年，您是否常在空闲时间从事以下活动——上网"中，回答"每天""一周数次"的样本被定义为上网频率高的样本，回答"一月数次""一年数次或更少""从不"的样本被定义为上网频率低的样本。

5.1.2.2 被解释变量的指标选取

本章主要研究的是"脱嵌"行为对居民商业保险购买行为的影响，限于数据，被解释变量选取的是 CGSS 2015 数据库中的商业人身保险，包括商业医疗保险和商业养老保险购买指标。被解释变量为是否商业医疗保险购买（*m-insur*），即"您目前是否购买了以下社会保障项目——商业性医疗保险"，未购买商业医疗保险赋值为 0，购买了商业医疗保险赋值为 1；是否购买商业养老保险购买情况（*e-insur*），即"您目前是否购买了以下社会保障项目——商业性养老保险"，未购买商业养老保险赋值为 0，购买了商业养老保险赋值为 1。

5.1.2.3 控制变量的指标选取

根据已有研究（刘宏和王俊 2012；樊纲治和王宏扬，2015；秦芳等，2016；熊萍和吴华安，2016；阮永锋，2018），模型控制变量主要选取了：样本类型（*type*），即城市样本还是农村样本；省份（*province*）；性别（*gender*），即"您的性别"；是否有宗教信仰（faith），即"您的宗教信仰——不信仰宗教"；年龄（*age*）[1]；年龄平方（*age*²）；民族（*nation*）；最高教育程度（*education*），即"您目前的最高教育程度（包括目前在读的）；收入水平（*income*），即"您个人去年全年的总收入"；政治面貌（*identity*），即"您目前的政治面貌"；身体健康状态（*health*），即"您觉得您目前的身体健康状况"；心理健康状态（*mental-health*），即"在过去的四周中您感到心情抑郁或沮丧的频繁程度"；户口类型（*register*），即"您目前的户口登记状况"；工作单位类型（*job*），即"您目前工作的单位或公司的单位类型"；婚姻状况（*marriage*），即"您目前的婚姻状况"。

---

[1] 年龄的计算公式为：2015 减去样本出生年。

5.1.3 模型建立

由于本章研究中涉及的被解释变量为二值变量，所以选择建立 Probit 模型，基本模型如下：

$$P(insur_{ij} = 1 \mid X_i) = \alpha + \beta\, extraction_{im} + \delta\, control_i + \varepsilon_i \qquad (5.1)$$

式（5.1）中 α 为常数项；$insur_{ij}$ 表示样本 i 投保第 j 种保险的情况，$j = 1$ 时表示商业医疗保险，$j = 2$ 表示商业养老保险，$insur_{ij}$ 为二值变量，取 1 表示 i 投保了第 j 种保险，取 0 表示 i 未投保第 j 种保险；X_i 表示可观测到的影响样本 i 投保商业保险的变量，这里包括 $extraction_{im}$ 以及 $control_i$；$extraction_{im}$ 表示，样本 i 是否"脱嵌"，m 表示样本 i "脱嵌"的方式，$m = 1$ 表示以人口流动（$mobility$）的方式"脱嵌"，$m = 2$ 表示以使用互联网（$internet$）的方式"脱嵌"，$extraction_{im}$ 为二值变量，取 1 时，表示样本 i "脱嵌"，取 0 时，表示样本 i 未"脱嵌"；$control_i$ 表示一系列的控制变量；ε_i 表示模型的残差项。

受访者 i 是否为"脱嵌"样本，是基于其对相关问题作出的回答判断得出，而最终的答案受访者 i 在对给定选项作出自然选择的结果，并非随机分配或完全取决于外生环境，除了年龄、受教育水平、婚姻状况、收入水平等可观测的因素以外，还有一些不可观测的因素影响其对问题回答的结果，从而很可能会引发内生性问题。为了缓解可能存在的内生性问题对研究结果造成的干扰，本章选用了倾向得分匹配法，在此基础上，研究"脱嵌"样本的投保行为，匹配方法为半径匹配和核匹配。

本章将样本 i 成为"脱嵌"样本（$extraction_i = 1$）的条件概率作为倾向得分，样本 i 成为"脱嵌"样本（$extraction_i = 1$）的条件概率为：

$$ps(x_i) = Pr(extraction_i = 1 \mid X_i) \qquad (5.2)$$

其中，Pr 表示个体 i 被划定为"脱嵌"样本的概率，X_i 为样本类型、年龄等变量所组成的可观测到的协变量。获得倾向得分 $ps(x)$ 后，就可以计算"脱嵌"样本组和非"脱嵌"样本组投保特定保险的差异，得到"脱嵌"样本对于投保特定保险的平均处理效应（ATT）：

$$ATT = E[H_{1i} - H_{0i} \,|\, X, \, extraction_i = 1]$$
$$= E\{E[H_{1i} - H_{0i} \,|\, X, \, extraction_i = 1, \, e(x_i)]\}$$
$$= E\{E[H_{1i} \,|\, extraction_i = 1, \, e(x_i)]\}$$
$$- E\{E[H_{0i} \,|\, extraction_i = 0, \, e(x_i) \,|\, extraction_i = 1]\} \quad (5.3)$$

其中，H_{1i} 和 H_{0i} 分别表示 i 为"脱嵌"样本和非"脱嵌"样本时对应的投保特定保险的情况，但是我们只能观测到其中的一个值，所以若直接比较会产生选择性偏差。倾向得分匹配法，则可以使本章研究通过不同的匹配方法，将对应的匹配得分相近的"脱嵌"样本组和非"脱嵌"样本组进行匹配来平衡数据，使得"脱嵌"样本组和非"脱嵌"样本组不再具有统计意义上的差异，进而获得较为准确的"脱嵌"样本对于投保特定保险的平均处理效应。以核匹配为例，匹配方式如下：

为对"脱嵌"样本 i 进行匹配，需要将非"脱嵌"样本组的全部个体进行加权得到与其匹配的"虚拟非'脱嵌'样本"，其中每个非"脱嵌"样本 j 权重的计算方式为：

$$W_{ij} = G[(ps_j + ps_i)/h] \quad (5.4)$$

式（5.4）中的函数 G 为 Gauss 函数，用来计算两个样本的倾向得分的差值，h 为带宽参数，本章选取 0.05。本章用 H_{1i} 和 H_{0i} 分别代表"脱嵌"样本 i 和非"脱嵌"样本 j 投保特定保险的水平，N_1 代表"脱嵌"样本组的样本数量，平均处理效应 ATT 表示为：

$$ATT = \frac{1}{N_1} \sum \left(H_{1i} - \sum H_{0j} w_{ij} / \sum w_{ij} \right) \quad (5.5)$$

另外，为了进一步研究"脱嵌"行为对居民保险购买行为产生作用的影响因素，本章在基本模型基础上引入了交乘项，引入交乘项后的模型如下：

$$P(insur_{ij} = 1 \,|\, X) = \alpha + \beta \, extraction_{im} + \mu z_{in} + \theta z_{in} extraction_{im} + \delta \, contral_i + \varepsilon_i$$
$$(5.6)$$

其中，z_{in} 表示，引入的交乘项的变量。

5.1.4 描述性统计

为了初步研究"脱嵌"行为是否影响了居民商业保险的购买行为，本章进行了描述性统计分析。主要思路是将样本分为全体样本、个体化样本与非个体化样本，通过比较三种样本中商业保险的投保均值情况来作出初步判断。其中，个体化样本包括"脱嵌"样本，即指标 $mobility$ 为1的样本和指标 $internet$ 为1的样本，非个体化样本包括非"脱嵌"样本，即指标 $mobility$ 为0的样本和指标 $internet$ 为0的样本。描述性统计结果详见表5.1。

表5.1   描述性统计

变量	全样本	个体化样本		非个体化样本	
		"脱嵌"样本（$mobility$）	"脱嵌"样本（$internet$）	非"脱嵌"样本（$mobility$）	非"脱嵌"样本（$internet$）
$m\text{-}insur$	0.087	0.118	0.161	0.072	0.045
$e\text{-}insur$	0.061	0.078	0.104	0.053	0.036
$type$	1.411	1.229	1.205	1.498	1.525
$province$	15.357	14.762	14.560	15.673	15.798
$gender$	1.527	1.592	1.494	1.493	1.545
$faith$	0.893	0.886	0.909	0.896	0.883
age	50.725	50.127	37.807	51.06	57.979
age^2	2852.262	2807.325	1600.737	2874.652	3555.088
$nation$	1.36	1.282	1.252	1.396	1.414
$education$	4.875	5.592	7.256	4.534	3.535
$income$	29117.29	40555.16	49223.44	23936.44	17834.16
$identity$	1.369	1.499	1.540	1.309	1.271

续表

变量	全样本	个体化样本		非个体化样本	
		"脱嵌"样本（*mobility*）	"脱嵌"样本（*internet*）	非"脱嵌"样本（*mobility*）	非"脱嵌"样本（*internet*）
health	3.606	3.639	4.041	3.593	3.364
mental-health	3.841	3.899	4.061	3.816	3.716
register	1.902	2.169	2.259	1.773	1.704
job	3.217	3.065	2.965	3.326	3.696
marriage	3.260	3.283	2.706	3.251	3.573

在商业医疗保险方面，全样本的投保均值为 0.087，小于人口流动方式的"脱嵌"样本的投保均值（0.118）以及使用互联网方式的"脱嵌"样本的投保均值（0.161），大于人口流动方式的非"脱嵌"样本的投保均值（0.072）、使用互联网方式的非"脱嵌"样本的投保均值（0.045），无论在人口流动方面还是在使用互联网方面，"脱嵌"样本投保均值都大于非"脱嵌"样本的投保均值。这说明，"脱嵌"样本购买商业医疗保险的水平高于全样本的投保水平，更高于非"脱嵌"样本的投保水平，说明个体化过程中"脱嵌"行为促进了居民购买商业医疗保险。

在商业养老保险方面，全样本的投保均值为 0.061，小于人口流动方式的"脱嵌"样本的投保均值（0.078）以及使用互联网方式的"脱嵌"样本的投保均值（0.104），大于人口流动方式的非"脱嵌"样本的投保均值（0.053）、使用互联网方式的非"脱嵌"样本的投保均值（0.036），无论在人口流动方面还是在使用互联网方面，"脱嵌"样本投保均值都大于非"脱嵌"样本的投保均值。这说明，"脱嵌"样本购买商业养老保险的水平高于全样本的投保水平，更高于非"脱嵌"样本的投保水平，说明个体化过程中"脱嵌"行为促进了居民购买商业养老保险。

图 5.1 按城乡分组列示了农村样本和城市样本中以人口流动指标衡量"脱嵌"行为与非"脱嵌"行为样本投保商业医疗保险、商业养老保险的均值的比值情况。在农村样本方面，农村"脱嵌"样本投保商业医疗保险的均值是农村非"脱嵌"样本投保商业医疗保险均值的 1.222 倍，农村"脱嵌"样本投保商业养老保险的均值是农村非"脱嵌"样本投保商业养老保险均值的 1.103 倍，一定程度上说明农村"脱嵌"样本投保商业医疗保险、商业养老保险的水平均比农村非"脱嵌"样本的投保水平高。在城市样本方面，城市"脱嵌"样本投保商业医疗保险的均值是城市非"脱嵌"样本投保商业医疗保险均值的 1.287 倍，城市"脱嵌"样本投保商业养老保险的均值是城市非"脱嵌"样本投保商业养老保险均值的 1.195 倍，一定程度上说明城市"脱嵌"样本投保商业医疗保险、商业养老保险的水平均比城市非"脱嵌"样本的投保水平高。总体来看，无论对农村样本还是城市样本，以人口流动指标衡量的"脱嵌"行为对居民商业保险购买行为的影响在商业医疗保险和商业养老保险方面均比较明显，相对而言，这一影响在商业医疗保险方面更加明显。

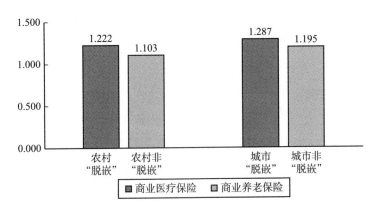

图 5.1　按城乡分组的"脱嵌"与非"脱嵌"样本投保均值的比值情况——以指标 *mobility* 衡量是否"脱嵌"

图 5.2 按城乡分组列示了农村样本和城市样本中以互联网使用指标衡

量"脱嵌"行为与非"脱嵌"行为样本投保商业医疗保险、商业养老保险的均值的比值情况。在农村样本方面,农村"脱嵌"样本投保商业医疗保险的均值是农村非"脱嵌"样本投保商业医疗保险均值的 3.500 倍,农村"脱嵌"样本投保商业养老保险的均值是农村非"脱嵌"样本投保商业养老保险均值的 2.609 倍,一定程度上说明农村"脱嵌"样本投保商业医疗保险、商业养老保险的水平均比农村非"脱嵌"样本的投保水平高。在城市样本方面,城市"脱嵌"样本投保商业医疗保险的均值是城市非"脱嵌"样本投保商业医疗保险均值的 2.712 倍,城市"脱嵌"样本投保商业养老保险的均值是城市非"脱嵌"样本投保商业养老保险均值的 2.275 倍,一定程度上说明城市"脱嵌"样本投保商业医疗保险、商业养老保险的水平均比城市非"脱嵌"样本的投保水平高。总体来看,无论对农村样本还是城市样本,以互联网使用指标衡量的"脱嵌"行为对居民商业保险购买行为的影响在商业医疗保险和商业养老保险方面均比较明显,相对而言,这一影响在商业医疗保险方面更加明显。

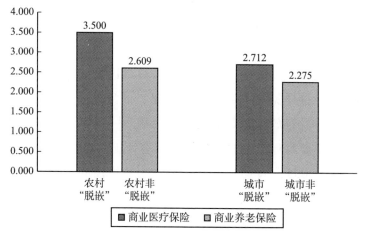

图 5.2 按城乡分组的"脱嵌"与非"脱嵌"样本投保均值的比值情况——以指标 internet 衡量是否"脱嵌"

综上分析,个体化中的"脱嵌"行为确实促进了居民购买商业保险来应对风险。当然，这仅仅是通过简单地比较投保均值数据后得出的结论，其可靠性仍需通过进一步的实证研究来加以验证。其他变量的描述性统计结果分析不再赘述。

5.2　实证结果分析

为了深入研究我国社会个体化中的"脱嵌"行为对居民商业保险购买行为的影响，本部分首先做了"脱嵌"行为与居民商业保险投保行为的基本回归，其次通过更换变量、更换估计方法、倾向得分匹配法以及安慰剂检验等四种方法检验了研究结果的稳健性，最后还分析了社会个体化中的"脱嵌"行为对居民商业保险购买行为的影响在城乡、受教育水平、工作单位类型等方面的异质性以及"脱嵌"行为对居民商业保险购买行为产生作用的家庭和社会层面的影响因素。

5.2.1　基本回归结果分析

本章从"脱嵌"环节研究社会个体化对居民商业保险购买行为的影响。具体回归结果详见表5.2。在"脱嵌"行为方面，表5.2显示：模型一中主要解释变量的系数显著为正，在模型一的基础上加入控制变量后的模型二中主要解释变量的系数仍然显著为正，经计算系数0.16对应的边际效应为0.035，即具有"脱嵌"行为的居民购买商业医疗保险的概率显著高出3.5个百分点；模型三中主要解释变量的系数显著为正，但在模型三基础上加入控制变量后的模型四中的主要解释变量的系数为负但不显著，说明"脱嵌"行为并未显著影响居民购买商业养老保险的行为。

表 5. 2　　　　　　　　　　　　　　基准模型回归结果

变量	模型一	模型二	模型三	模型四
	m-insur	m-insur	e-insur	e-insur
mobility	0. 273 *** (0. 038)	0. 160 *** (0. 057)	0. 198 *** (0. 042)	− 0. 025 (0. 063)
type		− 0. 152 * (0. 082)		− 0. 135 (0. 090)
province		− 0. 005 (0. 003)		− 0. 010 ** (0. 004)
gender		− 0. 014 (0. 056)		0. 034 (0. 062)
faith		0. 012 (0. 096)		− 0. 074 (0. 106)
age		0. 056 *** (0. 017)		0. 063 *** (0. 018)
age^2		− 0. 001 *** (0. 000)		− 0. 001 *** (0. 000)
nation		− 0. 043 (0. 027)		− 0. 027 (0. 029)
education		0. 072 *** (0. 011)		0. 070 *** (0. 012)
income		0. 000 *** (0. 000)		0. 000 *** (0. 000)
identity		− 0. 020 (0. 028)		− 0. 025 (0. 030)
health		0. 040 (0. 035)		0. 097 ** (0. 040)
mental-health		0. 023 (0. 035)		0. 060 (0. 040)

续表

变量	模型一	模型二	模型三	模型四
	m-insur	m-insur	e-insur	e-insur
register		0.053 *** (0.020)		0.020 (0.023)
job		−0.012 (0.022)		−0.024 (0.024)
marriage		−0.038 (0.031)		−0.028 (0.034)
常数项	−1.459 *** (0.023)	−2.775 *** (0.432)	−1.616 *** (0.026)	−3.495 *** (0.485)
Pseudo R^2	0.009	0.082	0.005	0.074
样本观测值	9424	3414	9424	3414

注：括号中报告的是异方差稳健标准误；＊、＊＊和＊＊＊分别表示在10%、5%和1%水平上显著。

上述回归结果说明，社会个体化中的"脱嵌"行为确实促进了居民购买商业保险来应对风险，但"脱嵌"行为更多的是促进居民依靠商业医疗保险应对风险，这与前文通过描述性统计分析得出的结论有所差异，结论更加严谨。

5.2.2 稳健性检验

为了进一步检验回归结果的稳健性，本章通过更换变量、更换估计方法、倾向得分匹配和安慰剂检验等四种方法做了进一步的研究。

5.2.2.1 倾向得分匹配回归分析

为了克服本研究中可能存在的内生性问题，本章通过倾向得分匹配方法重新研究个体化对居民投保行为的影响，匹配变量为基本回归中所有的控制变量, 为了避免单一匹配方法可能会对回归造成影响, 本章采取了半径匹配和核匹配两种匹配方法, 研究个体化中的 "脱嵌" 行为对居民购买商业医疗保险行为的影响, 且均通过了平衡性检验。表 5.3 列示了倾向得分匹配回归的结果。在被解释变量为商业医疗保险, 主要解释变量为人口流动 (mobility) 的模型回归结果中, 半径匹配方式下, ATT 的值为正, t 值为 2.77, 核匹配方式下, ATT 的值为正, t 值为 2.75, 说明以人口流动行为为代表的 "脱嵌" 行为显著促进了居民购买商业医疗保险。在被解释变量为商业养老保险, 主要解释变量为人口流动 (mobility) 的模型回归结果中, 半径匹配方式下, ATT 的值为负, t 值为 − 0.08, 核匹配方式下, ATT 的值为负, t 值为 − 0.11, 说明以人口流动行为为代表的 "脱嵌" 行为未显著促进居民购买商业养老保险。

表 5.3　　　　　　　稳健性检验: 更换变量与倾向得分匹配回归结果

解释变量	被解释变量	半径匹配		核匹配	
		ATT	t 值	ATT	t 值
mobility	m-insur	0.038	2.77	0.038	2.75
mobility	e-insur	− 0.001	− 0.08	− 0.001	− 0.11
internet	m-insur	0.048	2.26	0.054	2.48
internet	e-insur	− 0.004	− 0.23	0.004	0.20

注: 半径匹配中半径设定为 0.05; 核匹配的带宽为 0.05。

可以看出 "脱嵌" 行为显著提高了居民购买商业医疗保险的概率, 但对居民购买商业养老保险的行为的影响并不显著, 倾向得分匹配方法的回归结果与基本回归结果较为一致。

5.2.2.2　更换解释变量的回归分析

更换解释变量是检验研究稳健性的重要方法。本章在基本模型中, 用互联网使用频率指标（*internet*）替换人口流动指标（*mobility*）。同时，考虑到在基本模型中更换解释变量后仍然可能存在一定的内生性问题，可能会影响对研究稳健性的判断，在更换变量后采用倾向得分匹配方法进行回归①，且通过了平衡性检验。表5.3列示了替换变量后的倾向得分匹配回归的结果。在被解释变量为商业医疗保险，主要解释变量为使用互联网（*internet*）的模型回归结果中，半径匹配方式下，*ATT* 的值为正，t 值为 2.26，核匹配方式下，*ATT* 的值为正，t 值为 2.48，说明以使用互联网行为为代表的"为自己活"行为显著促进了居民购买商业医疗保险。在被解释变量为商业养老保险，主要解释变量为使用互联网（*internet*）的模型回归结果中，半径匹配方式下，*ATT* 的值为负，t 值为 -0.23，核匹配方式下，*ATT* 的值为正，t 值为 0.20，说明以使用互联网行为为代表的"为自己活"行为未显著促进居民购买商业养老保险。

可以看出，"脱嵌"行为显著提高了居民购买商业医疗保险的概率，但未显著影响居民购买商业养老保险的行为，与基本回归结果的结论较为一致。

5.2.2.3　更换估计方法的回归分析

本部分通过将基本模型中的 Probit 模型估计更换为 Logit 模型估计和 OLS 模型估计，来检验基本模型回归结果的稳健性。表5.4列示了 Logit 模型估计结果。表5.4显示：模型一中主要解释变量的系数为0.538，且显著，在模型一的基础上加入控制变量后的模型二中主要解释变量的系数变为0.284，仍然显著，说明"脱嵌"行为显著促进了居民购买商业医疗保险；模型三中主要解释变量的系数为0.413，且显著，在模型三的基础上加入控制变量后的模型四中主要解释变量的系数变为 -0.038，不再显著，说明"脱嵌"行为并未显著影响居民购买商业养老保险的行为。

---

① 匹配的变量和匹配方法同上，不再赘述。

表 5.4 稳健性检验：Logit 模型估计

变量	模型一	模型二	模型三	模型四
	m-insur	m-insur	e-insur	e-insur
mobility	0.538 *** (0.075)	0.284 *** (0.105)	0.413 *** (0.088)	-0.038 (0.121)
type		-0.311 * (0.162)		-0.287 (0.184)
province		-0.010 (0.006)		-0.019 *** (0.007)
gender		-0.042 (0.103)		0.045 (0.119)
faith		-0.018 (0.177)		-0.163 (0.206)
age		0.108 *** (0.032)		0.125 *** (0.036)
age^2		-0.001 *** (0.000)		-0.001 *** (0.000)
nation		-0.080 (0.052)		-0.047 (0.060)
education		0.128 *** (0.019)		0.133 *** (0.023)
income		0.000 *** (0.000)		0.000 *** (0.000)
identity		-0.033 (0.049)		-0.043 (0.056)
health		0.083 (0.065)		0.202 *** (0.078)
mental-health		0.031 (0.065)		0.110 (0.079)

续表

变量	模型一	模型二	模型三	模型四
	m-insur	m-insur	e-insur	e-insur
register		0.090 ** (0.037)		0.029 (0.043)
job		-0.024 (0.041)		-0.043 (0.047)
marriage		-0.071 (0.057)		-0.051 (0.067)
常数项	-2.553 *** (0.048)	-4.868 *** (0.818)	-2.883 *** (0.056)	-6.475 *** (0.965)
Pseudo R^2	0.009	0.081	0.005	0.073
样本观测值	9424	3414	9424	3414

注：括号中报告的是异方差稳健标准误；*、** 和 *** 分别表示在 10%、5% 和 1% 水平上显著。

另外，由于本章模型的主要解释变量是 0/1 二值，因此基本模型采用了 Probit 模型进行估计，借鉴已有研究（胡安宁，2014）的做法，本章采用普通最小二乘法（OLS）对原来的模型进行估计。表 5.5 显示：模型一中主要解释变量的系数为 0.045，且显著，在模型一的基础上加入控制变量后的模型二中主要解释变量的系数变为 0.038，仍然显著，说明"脱嵌"行为显著促进了居民购买商业医疗保险；模型三中主要解释变量的系数为 0.025，且显著，在模型三的基础上加入控制变量后的模型四中主要解释变量的系数变为 -0.002，不再显著，说明"脱嵌"行为未显著影响居民购买商业养老保险的行为。

可以看出，无论使用 Logit 模型还是 OLS 模型对原有模型进行估计，回归结果均显示"脱嵌"行为显著促进了居民购买商业医疗保险，但并未显著影响居民的商业养老保险的购买行为，与基本回归结果较为一致。

表 5.5 稳健性检验：OLS 模型估计

变量	模型一	模型二	模型三	模型四
	m-insur	m-insur	e-insur	e-insur
mobility	0.045 *** （0.007）	0.038 *** （0.013）	0.025 *** （0.006）	− 0.002 （0.011）
type		− 0.019 （0.013）		− 0.017 （0.012）
province		− 0.001 * （0.001）		− 0.002 *** （0.001）
gender		− 0.005 （0.012）		0.004 （0.011）
faith		− 0.006 （0.020）		− 0.015 （0.018）
age		0.011 *** （0.003）		0.010 *** （0.002）
age^2		− 0.000 *** （0.000）		− 0.000 *** （0.000）
nation		− 0.007 * （0.004）		− 0.003 （0.004）
education		0.018 *** （0.003）		0.013 *** （0.002）
income		0.000 *** （0.000）		0.000 *** （0.000）
identity		− 0.006 （0.007）		− 0.006 （0.006）
health		0.008 （0.007）		0.015 ** （0.006）
mental-health		0.004 （0.007）		0.010 （0.006）

续表

变量	模型一	模型二	模型三	模型四
	m-insur	m-insur	e-insur	e-insur
register		0.013 ** (0.005)		0.003 (0.004)
job		-0.003 (0.004)		-0.004 (0.004)
marriage		-0.006 (0.006)		-0.004 (0.005)
常数项	0.072 *** (0.003)	-0.207 ** (0.082)	0.053 *** (0.003)	-0.253 *** (0.070)
Pseudo R^2	0.006	0.071	0.002	0.054
样本观测值	9424	3441	9424	3441

注：括号中报告的是异方差稳健标准误；＊、＊＊和＊＊＊分别表示在10%、5%和1%水平上显著。

5.2.2.4 安慰剂检验的回归分析

安慰剂检验是常用的检验研究稳健性的方法。本部分的安慰剂检验的具体过程为：首先，制作安慰剂样本，全体样本中有人口流动样本数为2974，占全体样本的31.56%，在全体样本中删除人口流动样本，形成初始数据库"non-migrant"，在初始数据库中随机抽取31.56%的样本作为"伪流动样本"，并对所选取的样本的人口流动指标（mobility）赋值为1，将变量人口流动指标（mobility）命名为"mobilitya"，形成初选数据库"non-migrant-a"；其次，将初选数据库与初始数据库合并，把指标"mobility"和"mobilitya"一一对应，将指标"mobility"的值改为1，形成用于安慰剂检验的数据库；最后，按照基本的回归模型和估计方法进行回归。

表5.6列示安慰剂检验的回归结果。表5.6显示：模型二中主要解释变量的系数变为0.108，不再显著，说明"伪脱嵌"行为未显著影响居民

购买商业医疗保险的行为；模型四中主要解释变量的系数变为 0.027，不显著，说明"伪脱嵌"行为未显著影响居民购买商业养老保险的行为。总体而言，安慰剂检验中的"伪脱嵌"行为没有显著影响居民的商业保险购买行为，这暗含了基本研究结果较为稳健。

表 5.6 　　　　　　　　稳健性检验：安慰剂检验

变量	模型一 m-insur	模型二 m-insur	模型三 e-insur	模型四 e-insur
mobility	0.091 * (0.050)	0.108 (0.079)	0.014 (0.055)	0.027 (0.084)
type		−0.189 * (0.100)		−0.118 (0.104)
province		−0.005 (0.005)		−0.010 ** (0.005)
gender		0.053 (0.075)		0.044 (0.081)
faith		0.062 (0.136)		−0.088 (0.140)
age		0.057 ** (0.023)		0.069 *** (0.025)
age^2		−0.001 ** (0.000)		−0.001 ** (0.000)
nation		−0.061 (0.041)		−0.064 (0.041)
education		0.081 *** (0.015)		0.068 *** (0.016)
income		0.000 *** (0.000)		0.000 *** (0.000)

续表

变量	模型一	模型二	模型三	模型四
	m-insur	m-insur	e-insur	e-insur
identity		−0.023 (0.040)		−0.028 (0.042)
health		0.081* (0.048)		0.097* (0.052)
mental-health		0.004 (0.049)		0.033 (0.053)
register		0.044 (0.028)		0.021 (0.030)
job		0.011 (0.029)		−0.023 (0.030)
marriage		−0.064 (0.044)		−0.043 (0.047)
Pseudo R^2	0.001	0.072	0.000	0.061
样本观测值	6450	2081	6450	2081

注：括号中报告的是异方差稳健标准误；*、** 和 *** 分别表示在 10%、5% 和 1% 水平上显著。

5.2.3 异质性分析

为了进一步深入分析个体化对居民商业保险购买行为的影响，本节通过分组回归的方式研究了"脱嵌"行为影响居民保险购买行为的异质性，主要进行了城乡、受教育水平、工作单位类型等三个方面的分组回归，回归结果详见表5.7。

表 5.7 分组回归结果

分组	类型	解释变量为 *mobility*	
		模型一 *m-insur*	模型二 *e-insur*
城乡	城市	0.140 ** (0.061)	− 0.013 (0.067)
	农村	0.315 * (0.168)	− 0.098 (0.211)
受教育水平	小学及以下	0.361 * (0.210)	0.202 (0.233)
	中学	0.139 * (0.077)	− 0.069 (0.086)
	大学及以上	0.201 ** (0.087)	0.044 (0.095)
工作单位类型	政府机关及事业单位	0.054 (0.127)	− 0.223 (0.147)
	企业	0.226 *** (0.084)	− 0.019 (0.090)
	无单位	0.164 (0.109)	0.006 (0.128)

注：括号中报告的是异方差稳健标准误；*、**和***分别表示在 10%、5% 和 1% 水平上显著。

5.2.3.1 按城乡分组的回归

按城乡分组的回归结果显示，城市样本的回归结果中，商业医疗保险的系数为 0.140，且在 5% 的水平上显著，商业养老保险的系数为 − 0.013，但不显著，说明"脱嵌"行为显著提高了城市样本购买商业医疗保险的概率，但并未对城市样本的商业养老保险购买行为产生显著影响；农村样本的回归结果中，商业医疗保险的系数为 0.315，且在 10% 的水平上显著，商业养老保险的系数为 -0.098，但不显著，说明"脱嵌"行为显著提高了农村样本购买商业医疗保险的概率，但并未对农村样本的商业养老保险购买行为产生显著影响。整体来看，社会个体化中的"脱嵌"行为对城市样本以及农村样本的商业医疗保险的购买行为具有显著的促进作用，这一影响在城市样本中更加显著，这可能是因为城市生活节奏更快、压力更大，"脱嵌"行为给城市生活的居民带来的风险更大、更明显。另外，回归结果整体显示，"脱嵌"行为并未对我国居民的商业养老保险的购买行为产生显著影响。

5.2.3.2　按受教育水平分组的回归

按受教育水平分组的回归结果显示，小学及以下样本的回归结果中，商业医疗保险的系数显著为 0.361，且在 10% 的水平上显著，商业养老保险的系数为 0.202，但不显著，说明"脱嵌"行为显著提高了小学及以下样本购买商业医疗保险的概率，但并未对小学及以下样本的商业养老保险购买行为产生显著影响；中学样本的回归结果中，商业医疗保险的系数显著为 0.139，且在 10% 的水平上显著，商业养老保险的系数为 -0.069，但不显著，说明"脱嵌"行为显著提高了中学样本购买商业医疗保险的概率，但并未对中学样本的商业养老保险购买行为产生显著影响；大学及以上样本的回归结果中，商业医疗保险的系数显著为 0.201，且在 5% 的水平上显著，商业养老保险的系数为 0.044，但不显著，说明"脱嵌"行为显著提高了大学及以上样本购买商业医疗保险的概率，但并未对大学及以上样本的商业养老保险购买行为产生显著影响。整体来看，社会个体化中的"脱嵌"行为对受教育水平为小学及以下样本、中学样本、大学及以上样本的商业医疗保险购买行为均有显著的促进作用，这一影响在大学及以上样本中更加显著，这可能是因为，受教育水平高，其风险意识与保险意识水平较高，与受教育水平较低的居民相比，更能够利用商业保险工具加强风险管理。另外，回归结果整体显示，"脱嵌"行为对不同受教育水平的样本的商业养老保险的购买行为的影响均不显著。

5.2.3.3 按工作单位类型分组的回归

按工作单位类型分组回归的结果显示，政府机关及事业单位样本的回归结果中，商业医疗保险的系数为 0.054，但不显著，商业养老保险的系数为 -0.223，也不显著，说明"脱嵌"行为并未对政府机关及事业单位样本的商业医疗保险购买行为以及商业养老保险的购买行为产生显著影响；企业样本的回归结果中，商业医疗保险的系数显著为 0.226，且在 1% 的水平上显著，商业养老保险的系数为 -0.019，但不显著，说明"脱嵌"行为显著提高了工作单位为企业的样本购买商业医疗保险的概率，但并未对工作单位为企业的样本的商业养老保险购买行为产生显著影响；无单位样本的回归结果中，商业医疗保险的系数为 0.164，但不显著，商业养老保险的系数为 0.006，也不显著，说明"脱嵌"行为并未对无单位样本的商业医疗保险购买行为以及商业养老保险的购买行为产生显著影响。整体来看，社会个体化中的"脱嵌"行为主要显著提高了企业样本购买商业保险的概率，这可能是因为政府机关及事业单位与企业相比，福利待遇、稳定性水平较高，能够为工作人员提供较好的医疗、养老等保障，而企业在此方面的保障水平相对有限，员工更加需要商业保险弥补风险缺口。无单位人员可能限于风险管理意识、商业保险意识，社会个体化没有显著促进其购买商业保险。

5.2.4 "脱嵌"行为促进居民投保商业保险的影响因素

为了进一步研究"脱嵌"行为对居民商业保险投保行为发挥作用的影响因素，本章在基本模型的基础上从家庭和社会两个层面引入了交乘项。回归结果详见表 5.8。

表 5.8　　　　　　　　　　　引入交乘项的回归结果

类别	交乘项	（1）
家庭层面	$income\_f \times mobility$	$9.68e-07$ ** （0.000）
	$education\_c \times mobility$	-0.00001 * （0.000）
	$house \times mobility$	-0.510 * （0.283）
社会层面	$med\_s \times mobility$	-0.005 * （0.003）
	$security \times mobility$	-0.006 * （0.003）
控制变量		是

注：括号中报告的是异方差稳健标准误；*、** 和 *** 分别表示在 10%、5% 和 1% 水平上显著。

5.2.4.1　家庭层面的影响因素

引入家庭收入水平，即"您家去年全年家庭总收入"（income_f）与人口流动（mobility）交乘项的回归结果。以商业医疗保险为被解释变量的模型的家庭收入水平与人口流动的交乘项系数为 9.68e-07，且显著，说明较高的家庭收入能够促进居民在"脱嵌"行为中购买商业医疗保险。这可能是因为，较高的家庭收入能够从经济方面为居民管理"脱嵌"环节中健康风险提供经济支持，进而形成有效的商业医疗保险购买需求，促进通过居民以购买商业医疗保险的方式管理健康风险。

引入子女教育支出水平，即"去年您全家的家庭支出情况——子女教育支出及其他教育培训支出"（education_c）与人口流动（mobility）交乘项的回归结果。以商业医疗保险为被解释变量的模型的子女教育支出水平与人口流动的交乘项系数为 -0.00001，且显著，说明较高的子女教育支出水平能够抑制居民在"脱嵌"行为中购买商业医疗保险。这可能是因为，较高的子女教育支出减少了居民可用于其他方面消费的财务资源，有限的财务因素给居民购买商业医疗保险造成了一定的约束。

引入财富水平，即 "您或您的配偶是否有以下资产——有一套自己的房产"（*house*）与人口流动（*mobility*）交乘项的回归结果。以商业医疗保险为被解释变量的模型的财富水平与人口流动的交乘项系数为 -0.510，且显著，说明拥有的财富水平越少越会促进居民在 "脱嵌" 行为中购买商业医疗保险。这可能是因为较少的财富水平减少了居民的安全感，增加了居民在 "脱嵌" 行为中的风险感知以及采取措施应对风险的动力。

5.2.4.2　社会层面的影响因素

引入医疗卫生公共服务满意度，即 "综合考虑各个方面，您对于医疗卫生公共服务的总体满意度"（*med_s*）与人口流动（*mobility*）交乘项的回归结果。以商业医疗保险为被解释变量的模型的医疗卫生公共服务满意度与人口流动的交乘项系数为 -0.005，且显著，说明居民对医疗卫生公共服务的满意度越低，越能够促进居民在 "脱嵌" 行为中购买商业医疗保险。这可能是因为政府为居民提供的令居民满意度较低的医疗卫生公共服务可能会降低解决居民的看病就医问题有效性，增加了社会个体化中居民在 "脱嵌" 环节中面临健康风险时由于看病难等因素导致的诸多压力，进而对居民在 "脱嵌" 行为中的商业医疗保险购买行为产生促进作用。

引入社会保障满意度，即 "您对下列公共服务其他各领域的满意度——社会保障"（*security*）与人口流动（*mobility*）交乘项的回归结果。以商业医疗保险为被解释变量的模型中社会保障满意度与人口流动的交乘项系数为 -0.006，且显著，说明居民对社会保障的满意度低，越能够促进居民在 "脱嵌" 行为中购买商业医疗保险。这可能是因为，社会个体化过程中居民面临健康风险时可以更多依靠政府提供的社会保障来进行风险管理，社会保障水平越低，居民面临的相应风险所致的压力就越大，进而对居民在

"脱嵌"行为中的商业医疗保险购买行为产生促进作用。

5.3　本章小结

我国社会个体化趋势已经十分明显，居民面临的风险日益增多。本章基于中国综合社会调查 2015 年的数据，利用 Probit 模型和 PSM 等方法，研究了社会个体化中的"脱嵌"行为是否促进了居民采取商业保险措施应对风险。研究发现，"脱嵌"行为确实促进了居民购买商业保险。具体而言，个体化过程中的"脱嵌"行为促使居民购买商业医疗保险的概率显著提高了 3.5 个百分点，对居民的商业养老保险购买行为的影响并不显著，通过更换变量、更换估计方法、倾向得分匹配法以及安慰剂检验等四种方法检验后发现，这一研究结果较为稳健。进一步研究发现，"脱嵌"行为对居民购买商业保险行为的影响还存在城乡、受教育水平、工作单位类型等方面的异质性。具体而言，"脱嵌"行为更加显著地促进了城市样本购买商业医疗保险；主要显著提高了受教育水平较高（大学及以上）样本购买商业医疗保险的概率，对中学样本、小学及以下样本购买商业医疗保险的行为也具有一定的显著影响；主要显著提高了企业样本购买商业保险的概率，对政府机关及事业单位样本以及无单位的样本的商业医疗保险的购买行为的影响并不显著。较高的家庭收入在"脱嵌"行为对居民购买商业保险行为的影响方面发挥促进作用，较低的子女教育支出水平、财富水平、医疗卫生公共服务满意度、社会保障满意度在"脱嵌"行为对居民购买商业保险行为的影响方面发挥促进作用。

本章的实证结果显示，"脱嵌"行为确实促进了居民通过商业保险来管理风险，但主要体现在"脱嵌"行为促进居民购买商业医疗保险，对居民的商业养老保险购买行为的影响并不显著，这可能是因为"脱嵌"行为会使居民重点关注由于"脱嵌"造成的短期的风险（特别是健康风险）。社会个体化中的"脱嵌"行为主要包括迁移行为，互联网、智能电子终端使用等行为，前者使居民从一个熟悉的组织与环境转移到一个相对陌生的组织和环境，居民往往会比较关注人身安全与生命健康这一生存问题，后者则会使居民更多地独处，引致居民的孤独感增加、锻炼频率减少等问题，身心健康风险增加，因此"脱嵌"行为会促使居民重点关注人身健康风险，进而购买商业医疗保险来应对这一风险。

第6章
"为自己活"行为对居民商业保险购买行为的影响研究

　　"为自己活"是社会个体化中的一个关键环节，居民在脱离传统组织与环境后，经过一系列的过程"再嵌入"到新的组织与制度中，居民愈加依靠教育制度、就业制度、劳动力市场、消费市场等独立生活，失去传统支持与约束后，更加"以自我为中心"地自由的生活，自主计划生活的方方面面，并为实现所计划的生活进行自主选择。

　　"为自己活"行为常常导致风险增加，这是因为在失去传统约束获得自由的同时，也使居民增加了更多的迷茫，以往受集体、组织主导或影响的生活不再，更多依靠自己"掌舵"把握生活方向的时代到来，从"有人指导"生活到"自主探索"未来，这一过程增加了居民不确定感、未知感、迷茫感，这些负面感知往往会转变为压力。另外，居民在自由选择的同时还要自担风险，任何一个选择可能促进居民实现自己的生活计划，增加居民的效用水平，带来积极情绪，也可能导致居民偏离生活计划，降低居民的效应水平，造成消极情绪，选择结果的不确定性与责任自担的现实往往导致居民面临"自由却不自在"的窘境。理论上，当居民处于"为自己活"产生的上述风险中感到压力时，应该会采取措施管理风险，以缓解个体化风险引致的不适，本章通过实证的方式探究社会个体化中的"为自己活"行为是否对居民的商业保险购买行为产生了影响。

6.1 变量选取、模型构建与描述性统计

6.1.1 数据来源

本章研究所需数据来自 2015 年中国综合社会调查（Chinese General Social Survey，CGSS）数据库。2015 年 CGSS 项目调查覆盖我国 28 个省（区、市）的 478 村居，有效样本 10968 个。[①] 清洗数据（删除存在数据异常、数据缺失等问题的样本）后，共得到 9668 个有效样本。

6.1.2 指标选择

6.1.2.1 解释变量的指标选取

"为自己活"行为是另一个较为核心层面的个体化环节，这是因为"为自己活"行为使居民更加自由地生活，独立地决策，这同时增加了居民所面临的风险。在个体化社会，居民奉行"为个人而活"的个人主义价值原则，崇尚个人奋斗、追求自我利益（魏永强，2017）。生育自主指标（*birth*），即"您是否同意生多少孩子是个人的事"以及婚前同居自主指标（*cohabitation*），即"您对以下看法同意程度——未婚同居是个人行为，他人不应该指责"，是"为自己活"的很好的衡量指标，同意程度低，赋值为 0，同意程度高，赋值为 1。[②]

---

① 不含新疆、西藏、海南和港澳台地区的样本。
② 回答"比较同意""完全同意"被定义为同意程度高；回答"无所谓同意不同意""比较不同意""完全不同意"被定义为同意程度低。

6.1.2.2 被解释变量的指标选取

本章主要研究的是社会个体化中"为自己活"行为对居民商业保险购买行为的影响，限于数据，被解释变量选取的是 CGSS 2015 数据库中的商业人身保险，包括商业医疗保险和商业养老保险购买指标。被解释变量商业医疗保险购买情况（*m-insur*），即"您目前是否购买了以下社会保障项目——商业性医疗保险"，未购买商业医疗保险赋值为 0，购买商业医疗保险赋值为 1；商业养老保险（*e-insur*），即"您目前是否购买了以下社会保障项目——商业性养老保险"，未购买商业养老保险赋值为 0，购买商业养老保险赋值为 1。

6.1.2.3 控制变量的指标选取

根据已有研究（刘宏和王俊 2012；樊纲治和王宏扬，2015；秦芳等，2016；熊萍和吴华安，2016；阮永锋，2018），模型控制变量主要选取了：样本类型（*type*），即城市样本还是农村样本；省份（*province*）；性别（*gender*），即"您的性别"；是否有宗教信仰（*faith*），即"您的宗教信仰——不信仰宗教"；年龄（*age*）[1]；年龄平方（*age²*）；民族（*nation*）；最高教育程度（*education*），即"您目前的最高教育程度（包括目前在读的）；收入水平（*income*），即"您个人去年全年的总收入"；政治面貌（*identity*），即"您目前的政治面貌"；身体健康状态（*health*），即"您觉得您目前的身体健康状况"；心理健康状态（*mental-health*），即"在过去的四周中您感到心情抑郁或沮丧的频繁程度"；户口类型（*register*），即"您目前的户口登记状况"；工作单位类型（*job*），即"您目前工作的单位或公司的单位类型"；婚姻状况（*marriage*），即"您目前的婚姻状况"。

6.1.3 模型建立

由于本章研究中涉及的被解释变量为二值变量，所以选择建立 probit

---

① 年龄的计算公式为：2015 减去样本出生年。

模型，基本模型如下：

$$P(insur_{ij} = 1 \mid X_i) = \alpha + \beta\, independence_{im} + \delta\, control_i + \varepsilon_i \quad (6.1)$$

其中，α 为常数项；$insur_{ij}$ 表示样本 i 投保第 j 种保险的情况，$j = 1$ 时表示商业医疗保险，$j = 2$ 表示商业养老保险，$insur_{ij}$ 为二值变量，取 1 表示 i 投保了第 j 种保险，取 0 表示 i 未投保第 j 种保险；X_i 表示可观测到的影响样本 i 投保商业保险的变量，这里包括 $independence_{im}$ 以及 $control_i$；$independence_{im}$ 表示样本 i 是否"为自己活"，m 表示样本 i"脱嵌"的方式，$m = 1$ 表示以生育自主（$birth$）的方式表示"为自己活"，$m = 2$ 表示以婚前同居自主（$cohabitation$）的方式表示"为自己活"，$independence_{im}$ 为二值变量，取 1 时，表示样本 i"为自己活"，取 0 时，表示样本 i 未"为自己活"；$control_i$ 表示一系列的控制变量；ε_i 表示模型的残差项。

受访者 i 是否为"为自己活"样本，是基于其对相关问题作出的回答判断得出，而最终的答案是受访者 i 在对给定选项作出自然选择的结果，并非随机分配或完全取决于外生环境，除了年龄、受教育水平、婚姻状况、收入水平等可观测的因素以外，还有一些不可观测的因素影响其对问题回答的结果，从而很可能会引发内生性问题。为了缓解可能存在的内生性问题对研究结果造成的干扰，本研究选用了倾向得分匹配法，在此基础上，研究"为自己活"样本的投保行为，匹配方法采用了半径匹配、核匹配。

本章将样本 i 成为"为自己活"样本（$independence_i = 1$）的条件概率作为倾向得分，样本 i 成为"为自己活"样本的条件概率为：

$$ps(x_i) = Pr(independence_i = 1 \mid X_i) \quad (6.2)$$

其中，Pr 表示个体 i 被划定为"为自己活"样本的概率，X 为样本类型、年龄等变量所组成的可观测到的协变量。获得倾向得分 $ps(x)$ 后，就可以计算"为自己活"样本组和非"为自己活"样本组投保特定保险的差异，得到"为自己活"样本对于投保特定保险的平均处理效应（ATT）：

$$ATT = E[H_{1i} - H_{0i} \mid X, \ independence_i = 1]$$
$$= E\{E[H_{1i} - H_{0i} \mid X, \ independence_i = 1, \ e(x_i)]\}$$
$$= E\{E[H_{1i} \mid independence_i = 1, \ e(x_i)]\}$$
$$- E\{E[H_{0i} \mid independence_i = 0, \ e(x_i) \mid independence_i = 1]\} \quad (6.3)$$

其中，H_{1i} 和 H_{0i} 分别表示 i 为"为自己活"样本和非"为自己活"样本时对应的投保特定保险的情况，但是我们只能观测到其中的一个值，所以若直接比较会产生选择性偏差。倾向得分匹配法，则可以使本章研究通过不同的匹配方法，将对应的匹配得分相近的"为自己活"样本组和非"为自己活"样本组进行匹配来平衡数据，使得"为自己活"样本组和非"为自己活"样本组不再具有统计意义上的差异，进而获得较为准确的"为自己活"样本对于投保特定保险的平均处理效应。以核匹配为例，匹配方式如下：

为对"为自己活"样本 i 进行匹配，需要将非"为自己活"样本组的全部个体进行加权得到与其匹配的虚拟非"为自己活"样本，其中每个非"为自己活"样本 j 权重的计算方式为：

$$W_{ij} = G[(ps_j + ps_i)/h] \quad (6.4)$$

式（6.4）中的函数 G 为 Gauss 函数，用来计算两个样本的倾向得分的差值，h 为带宽参数，本章选取 0.05。本章用 H_{1i} 和 H_{0i} 分别代表"为自己活"样本组中 i 和非"为自己活"样本组中 j 投保特定保险的水平，N_1 代表"为自己活"样本组的样本数量，平均处理效应 ATT 表示为：

$$ATT = \frac{1}{N_1 \sum (H_{1i} - \sum H_{0j} w_{ij} / \sum w_{ij})} \quad (6.5)$$

另外，为了进一步研究"为自己活"行为对居民保险购买行为产生作用的影响因素，本章在基本模型的基础上引入了交乘项，引入交乘项后的模型如下：

$$P(insur_{ij} = 1 \mid X) = \alpha + \beta \ independence_{im} + \mu z_{in} + \theta z_{in} independence_{im} + \delta \ contral_i + \varepsilon_i$$
$$(6.6)$$

式（6.6）中，z_{in} 表示引入的交乘项的变量。

6.1.4 描述性统计

为了初步研究社会个体化中的"为自己活"行为是否影响了居民商业保险的购买行为，本章进行了描述性统计分析。主要思路是将样本分为全体样本、"为自己活"样本与非"为自己活"样本，通过比较三种样本中商业保险的投保均值情况来作出初步判断。其中，"为自己活"样本中包括生育自主样本（指标 birth 为 1 的样本）和婚前同居自主样本（指标 cohabitation 为 1 的样本），非"为自己活"样本包括非生育自主样本（指标 birth 为 0 的样本）和非婚前同居自主样本（指标 cohabitation 为 0 的样本）。描述性统计结果详见表 6.1。

表 6.1　　　　　　　　　　　　描述性统计

变量代码	全样本	个体化样本		非个体化样本	
		生育自主样本	婚前同居自主样本	非生育自主样本	非婚前同居自主样本
m-insur	0.087	0.098	0.126	0.083	0.074
e-insur	0.061	0.073	0.087	0.056	0.053
type	1.411	1.399	1.328	1.415	1.437
province	15.357	14.88	15.474	15.558	15.315
gender	1.527	1.537	1.500	1.523	1.534
faith	0.893	0.898	0.903	0.892	0.890
age	50.725	49.694	44.505	51.109	52.722
age^2	2852.262	2747.511	2242.732	2891.316	3045.352
nation	1.360	1.304	1.257	1.383	1.389
education	4.875	4.887	5.746	4.875	4.597
income	29117.29	29417.06	37563.05	28920.31	26451.6

变量代码	全样本	个体化样本		非个体化样本	
		生育自主样本	婚前同居自主样本	非生育自主样本	非婚前同居自主样本
identity	1.369	1.284	1.379	1.404	1.368
health	3.606	3.662	3.835	3.587	3.533
mental-health	3.841	3.839	3.903	3.841	3.818
register	1.902	1.891	2.025	1.906	1.866
job	3.217	3.169	3.049	3.241	3.314
marriage	3.260	3.234	3.021	3.269	3.335

在商业医疗保险方面，全样本的投保均值为 0.087，小于以生育自主样本的投保均值（0.098）以及婚前同居自主样本的投保均值（0.126），大于非生育自主样本的投保均值（0.083）以及非婚前同居自主样本投保均值（0.074），无论在生育自主方面还是在婚前同居自主方面，"为自己活"样本投保均值都大于非"为自己活"样本的投保均值。这说明，"为自己活"样本购买商业医疗保险的水平高于全样本的投保水平，更高于非"为自己活"样本的投保水平，说明个体化过程中"为自己活"行为促进了居民购买商业医疗保险。

在商业养老保险方面，全样本的投保均值为 0.061，小于以生育自主样本的投保均值（0.073）以及婚前同居自主样本的投保均值（0.087），大于非生育自主样本的投保均值（0.056）以及非婚前同居自主样本投保均值（0.053），无论在生育自主方面还是在婚前同居自主方面，"为自己活"样本投保均值都大于非"为自己活"样本的投保均值。这说明，"为自己活"样本购买商业养老保险的水平高于全样本的投保水平，更高于非"为自己活"样本的投保水平，说明个体化过程中"为自己活"行为促进了居民购买商业养老保险。

图 6.1 按城乡分组列示了农村样本和城市样本中以生育自主指标衡量

"为自己活"行为与非"为自己活"行为样本投保商业医疗保险、商业养老保险的均值的比值情况。在农村样本方面,农村"为自己活"样本投保商业医疗保险的均值是农村非"为自己活"样本投保商业医疗保险均值的1.027倍,农村"为自己活"样本投保商业养老保险的均值是农村非"为自己活"样本投保商业养老保险均值的1.370倍,一定程度上说明农村"为自己活"样本投保商业医疗保险、商业养老保险的水平均比农村非"为自己活"样本的投保水平高。在城市样本方面,城市"为自己活"样本投保商业医疗保险的均值是城市非"为自己活"样本投保商业医疗保险均值的1.651倍,城市"为自己活"样本投保商业养老保险的均值是城市非"为自己活"样本投保商业养老保险均值的1.732倍,一定程度上说明城市"为自己活"样本投保商业医疗保险、商业养老保险的水平均比城市非"为自己活"样本的投保水平高。总体来看,无论对于农村样本还是城市样本,以人口生育自主指标衡量的"为自己活"行为对居民商业保险购买行为的影响在商业医疗保险和商业养老保险方面均具有一定的体现,总体来看,这一影响在城市相对更加明显。

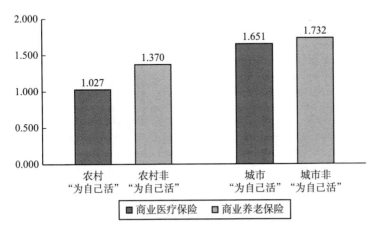

图 6.1 按城乡分组的"为自己活"与非"为自己活"样本投保均值的比值情况——以指标 *birth* 衡量是否"为自己活"

图 6.2 按城乡分组列示了农村样本和城市样本中以婚前同居自主指标
（cohabitation）衡量"为自己活"行为与非"为自己活"行为样本投保商
业医疗保险、商业养老保险的均值的比值情况。在农村样本方面，农村
"为自己活"样本投保商业医疗保险的均值是农村非"为自己活"样本投
保商业医疗保险均值的 1.026 倍，农村"为自己活"样本投保商业养老保
险的均值是农村非"为自己活"样本投保商业养老保险均值的 1.207 倍，
一定程度上说明农村"为自己活"样本投保商业医疗保险、商业养老保险
的水平均比农村非"为自己活"样本的投保水平高。在城市样本方面，城
市"为自己活"样本投保商业医疗保险的均值是城市非"为自己活"样本
投保商业医疗保险均值的 2.270 倍，城市"为自己活"样本投保商业养老
保险的均值是城市非"为自己活"样本投保商业养老保险均值的 2.113
倍，一定程度上说明城市"为自己活"样本投保商业医疗保险、商业养老
保险的水平均比城市非"为自己活"样本的投保水平高。总体来看，无论
对于农村样本还是在城市样本，婚前同居自主指标衡量的样本"为自己
活"行为对居民商业保险的影响在商业医疗保险和商业养老保险方面均具
有一定的体现。

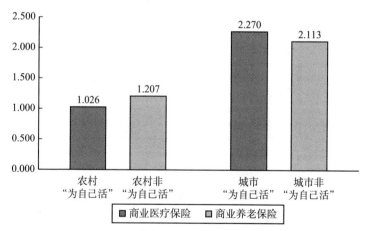

图 6.2　按城乡分组的"为自己活"与非"为自己活"样本投保均值的
比值情况——以指标 cohabitation 衡量是否"为自己活"

综上分析,社会个体化中的"为自己活"行为确实促进了居民购买商业保险来应对风险。当然,这仅仅是通过简单地比较投保均值数据后得出的结论,其可靠性仍需通过进一步的实证研究来加以验证。其他变量的描述性统计结果分析不再赘述。

6.2 实证结果分析

为了深入研究我国社会个体化中的"为自己活"行为对居民商业保险购买行为的影响,本部分首先做了"为自己活"行为与保险投保行为的基本回归,其次通过更换变量、更换估计方法、倾向得分匹配法以及安慰剂检验等四种方法检验了研究结果的稳健性,最后还分析了个体化对居民商业保险购买行为的影响在城乡、受教育水平、工作单位类型等方面的异质性以及"为自己活"行为对居民购买商业保险行为产生作用的影响因素。

6.2.1 基本回归结果分析

本部分从"为自己活"环节研究个体化对居民商业保险购买行为的影响。具体回归结果详见表 6.2。在"为自己活"行为方面,表 6.2 显示:模型一中主要解释变量的系数为 0.092,且显著,在模型一的基础上加入控制变量后的模型二中主要解释变量的系数变为 0.102,仍然显著,经计算系数 0.102 对应的边际效应为 0.023,即具有"为自己活"行为的居民购买商业医疗保险的概率显著高出 2.3 个百分点;模型三中主要解释变量的系数为 0.139,且显著,在模型三的基础上加入控制变量后的模型四中主要解释变量的系数变为 0.141,仍然显著,系数 0.141 对应的边际效应为 0.024,说明具有"为自己活"行为的居民购买商业养老保险的概率显著高出 2.4 个百分点。上述回归结果说明,"为自己活"行为确实促进了居民购买商业保险来应对风险,"为自己活"行为显著促进居民通过购买商业医疗保险以及商业养老保险来应对风险，这与前文通过描述性统计分析得出的结论较为一致。

表6.2 基准模型回归结果

变量	模型一	模型二	模型三	模型四
	m-insur	m-insur	e-insur	e-insur
birth	0.092 ** (0.039)	0.102 * (0.057)	0.139 *** (0.043)	0.141 ** (0.062)
type		-0.174 ** (0.080)		-0.132 (0.089)
province		-0.005 (0.003)		-0.009 ** (0.004)
gender		-0.006 (0.055)		0.020 (0.061)
faith		-0.005 (0.094)		-0.074 (0.104)
age		0.057 *** (0.017)		0.064 *** (0.018)
age^2		-0.001 *** (0.000)		-0.001 *** (0.000)
nation		-0.042 (0.027)		-0.025 (0.029)
education		0.072 *** (0.011)		0.066 *** (0.012)
income		0.000 *** (0.000)		0.000 *** (0.000)
identity		-0.011 (0.027)		-0.025 (0.030)
health		0.035 (0.035)		0.096 ** (0.039)

续表

变量	模型一	模型二	模型三	模型四
	m-insur	m-insur	e-insur	e-insur
mental-health		0.017 (0.035)		0.056 (0.040)
register		0.045 ** (0.020)		0.021 (0.022)
job		−0.016 (0.021)		−0.024 (0.024)
marriage		−0.035 (0.031)		−0.026 (0.034)
Pseudo R^2	0.001	0.081	0.002	0.076
样本观测值	9594	3474	9594	3474

注：括号中报告的是异方差稳健标准误；*、** 和 *** 分别表示在 10%、5% 和 1% 水平上显著。

6.2.2 稳健性检验

为了进一步检验回归结果的稳健性，本章通过更换变量、更换估计方法、倾向得分匹配和安慰剂检验等四种方法做了进一步的研究。

6.2.2.1 倾向得分匹配回归

为了克服研究中可能存在的内生性问题，本章通过倾向得分匹配方法重新研究个体化中"为自己活"行为对居民投保行为的影响，匹配变量为基本回归中所有的控制变量，为了避免单一匹配方法可能会对回归造成影响，本章采取了半径匹配和核匹配两种匹配方法，分别研究"为自己活"的个体行为对居民购买商业医疗保险行为以及商业养老保险行为的影响，且均通过了平衡性检验。表 6.3 列示了倾向得分匹配回归的结果。在被解释变量为商业医疗保险、主要解释变量为生育自主（birth）的模型回归结果中，半径匹配方式下，*ATT* 的值为正，t 值为 2.23，核匹配方式下，*ATT* 的值为正，t 值为 2.26，说明以生育自主行为为代表的"为自己活"行为显著促进了居民购买商业医疗保险。在被解释变量为商业养老保险、主要解释变量为生育自主（*birth*）的模型回归结果中，半径匹配方式下，*ATT* 的值为正，t 值为 2.64，核匹配方式下，*ATT* 的值为正，t 值为 2.71，说明以生育自主行为为代表的"为自己活"行为显著促进了居民购买商业养老保险。

表 6.3　　　　　　稳健性检验：更换变量与倾向得分匹配回归结果

解释变量	被解释变量	半径匹配		核匹配	
		ATT	t 值	*ATT*	t 值
birth	*m-insur*	0.031	2.23	0.031	2.26
	e-insur	0.032	2.64	0.032	2.71
cohabitation	*m-insur*	0.025	1.83	0.025	1.79
	e-insur	0.027	2.29	0.027	2.28

注：半径匹配中半径设定为 0.05；核匹配的带宽为 0.05。

可以看出"为自己活"的行为显著提高了居民购买商业医疗保险和商业养老保险的概率。倾向得分匹配方法的回归结果与基本回归结果较为一致。

6.2.2.2　更换解释变量

更换解释变量是检验研究稳健性的重要方法。本部分在基本模型中，用婚前同居自主指标（*cohabitation*）替换生育自主指标（*birth*）。同时，考虑到在基本模型中更换解释变量后仍然可能存在一定的内生性问题，可能会影响对研究稳健性的判断，在更换变量后采用倾向得分匹配方法进行回归[①]，且通过了平衡性检验。表 6.3 列示了替换变量后的倾向得分匹配回归

---

① 匹配的变量和匹配方法同上，不再赘述。

的结果。在被解释变量为商业医疗保险、主要解释变量为婚前同居自主（*cohabitation*）的模型回归结果中，半径匹配方式下，*ATT* 的值为正，t 值为 1.83，核匹配方式下，*ATT* 的值为正，t 值为 1.79，说明以婚前同居自主行为为代表的"为自己活"行为显著促进了居民购买商业医疗保险。在被解释变量为商业养老保险、主要解释变量为婚前同居自主（*cohabitation*）的模型回归结果中，半径匹配方式下，*ATT* 的值为正，t 值为 2.29，核匹配方式下，*ATT* 的值为正，t 值为 2.28，说明以婚前同居自主行为为代表的"为自己活"行为显著促进了居民购买商业养老保险。

可以看出，"为自己活"的行为同时提高了居民购买商业医疗保险和商业养老保险的概率，与基本回归结果的结论较为一致。

6.2.2.3 更换估计方法

由于本章的主要解释变量是 0/1 二值，因此采用得了 Probit 模型进行估计，为了检验模型回归的稳健性，继续使用 Logit 模型进行研究，表 6.4 列示了回归结果。表 6.4 显示：模型一中主要解释变量的系数为 0.183，且显著，在模型一的基础上加入控制变量后的模型二中主要解释变量的系数变为 0.203，仍然显著，说明"为自己活"行为显著促进了居民购买商业医疗保险；模型三中主要解释变量的系数为 0.290，且显著，在模型三的基础上加入控制变量后的模型四中主要解释变量的系数变为 0.294，仍然显著，说明"为自己活"行为显著促进了居民购买商业养老保险。

表 6.4   **稳健性检验：Logit 模型估计**

变量	模型一	模型二	模型三	模型四
	m-insur	*m-insur*	*e-insur*	*e-insur*
birth	0.183 ** (0.077)	0.203 ** (0.103)	0.290 *** (0.090)	0.294 ** (0.119)
type		−0.353 ** (0.158)		−0.284 (0.183)

续表

变量	模型一	模型二	模型三	模型四
	m-insur	m-insur	e-insur	e-insur
province		−0.010 (0.006)		−0.019 ** (0.007)
gender		−0.026 (0.101)		0.023 (0.118)
faith		−0.048 (0.175)		−0.165 (0.203)
age		0.110 *** (0.033)		0.128 *** (0.037)
age^2		−0.001 *** (0.000)		−0.001 *** (0.000)
nation		−0.077 (0.052)		−0.041 (0.059)
education		0.128 *** (0.019)		0.128 *** (0.023)
income		0.000 *** (0.000)		0.000 *** (0.000)
identity		−0.018 (0.048)		−0.044 (0.055)
health		0.076 (0.065)		0.200 *** (0.077)
mental-health		0.020 (0.065)		0.100 (0.079)
register		0.077 ** (0.036)		0.030 (0.042)
job		−0.031 (0.040)		−0.043 (0.047)

续表

变量	模型一	模型二	模型三	模型四
	m-insur	m-insur	e-insur	e-insur
marriage		− 0.066 (0.057)		− 0.049 (0.067)
常数项	− 2.406 *** (0.044)	− 4.699 *** (0.822)	− 2.828 *** (0.053)	− 6.600 *** (0.970)
Pseudo R²	0.001	0.080	0.002	0.075
样本观测值	9594	3474	9594	3474

注：括号中报告的是异方差稳健标准误；∗、∗∗ 和 ∗∗∗ 分别表示在 10%、5% 和 1% 水平上显著。

另外，借鉴已有研究（胡安宁，2014）的做法，本章又采用普通最小二乘法（OLS）对原来的模型进行估计，表 6.5 列示了回归结果。表 6.5 显示，模型一中主要解释变量的系数为 0.015，且显著，在模型一的基础上加入控制变量后的模型二中主要解释变量的系数变为 0.026，仍然显著，说明 "为自己活" 行为显著促进了居民购买商业医疗保险；模型三中主要解释变量的系数为 0.017，且显著，在模型三的基础上加入控制变量后的模型四中主要解释变量的系数变为 0.056，仍然显著，说明 "为自己活" 行为显著促进了居民购买商业养老保险。

表 6.5   稳健性检验：OLS 模型估计

变量	模型一	模型二	模型三	模型四
	m-insur	m-insur	e-insur	e-insur
birth	0.015 ** (0.007)	0.026 ** (0.013)	0.017 *** (0.006)	0.056 *** (0.003)
type		− 0.026 ** (0.013)		0.056 *** (0.003)

续表

变量	模型一	模型二	模型三	模型四
	m-insur	m-insur	e-insur	e-insur
province		-0.001^{*} (0.001)		0.056^{***} (0.003)
gender		-0.003 (0.012)		0.056^{***} (0.003)
faith		-0.010 (0.020)		0.056^{***} (0.003)
age		0.011^{***} (0.003)		0.056^{***} (0.003)
age^2		-0.000^{***} (0.000)		0.056^{***} (0.003)
nation		-0.007^{*} (0.004)		0.056^{***} (0.003)
education		0.018^{***} (0.003)		0.056^{***} (0.003)
income		0.000^{***} (0.000)		0.056^{***} (0.003)
identity		-0.005 (0.007)		0.056^{***} (0.003)
health		0.007 (0.007)		0.056^{***} (0.003)
mental-health		0.003 (0.007)		0.056^{***} (0.003)
register		0.011^{**} (0.005)		0.056^{***} (0.003)
job		-0.004 (0.004)		0.056^{***} (0.003)

续表

变量	模型一	模型二	模型三	模型四
	m-insur	*m-insur*	*e-insur*	*e-insur*
marriage		− 0. 006 (0. 006)		0. 056 *** (0. 003)
Pseudo R²	0. 001	0. 070	0. 001	0. 055
样本观测值	9594	3474	9594	3474

注：括号中报告的是异方差稳健标准误；＊、＊＊和＊＊＊分别表示在10%、5%和1%水平上显著。

可以看出，无论使用 Logit 模型还是 OLS 模型对原有模型进行估计，回归结果均显示"为自己活"行为显著促进了居民购买商业医疗保险以及商业养老保险，与基本回归结果较为一致。

6.2.2.4 安慰剂检验

安慰剂检验是常用的检验研究稳健性的方法。本章的安慰剂检验的具体过程为：首先，制作安慰剂样本，全体样本中有"为自己活"样本数为2825个，占全体样本的29.45%，在全体样本中删除"为自己活"样本，形成初始数据库"*non-independence*"，在初始数据库中随机抽取29.45%的样本作为"伪为自己活"样本，并对所选取的样本的生育自主指标（*birth*）赋值为1，并将变量生育自主指标（*birth*）命名为"*birtha*"，形成初选数据库"*non-independence-a*"；其次，将初选数据库与初始数据库合并，把指标"*birth*"和"*birtha*"一一对应，将指标"*birth*"的值改为1，形成用于安慰剂检验的数据库；最后，按照基本的回归模型和估计方法进行回归。

表6.6列示安慰剂检验的回归结果。表6.6显示，模型一中主要解释变量的系数为 − 0.023，不显著，在模型一的基础上加入控制变量后的模型二中主要解释变量的系数变为 − 0.073，也不显著，说明"伪为自己活"

行为未显著影响居民购买商业医疗保险的行为；模型三中主要解释变量的系数为0.004，不显著，在模型三的基础上加入控制变量后的模型四中主要解释变量的系数变为 −0.014，也不显著，说明"为自己活"行为未显著影响居民购买商业养老保险的行为。

表6.6　　　　　　　　　　　稳健性检验：安慰剂检验

变量	模型一	模型二	模型三	模型四
	m-insur	m-insur	e-insur	e-insur
birth	− 0.023 (0.048)	− 0.073 (0.073)	0.004 (0.054)	− 0.014 (0.080)
type		− 0.181 * (0.095)		− 0.175 (0.106)
province		− 0.005 (0.004)		− 0.011 ** (0.004)
gender		0.001 (0.068)		− 0.022 (0.076)
faith		− 0.005 (0.113)		− 0.015 (0.129)
age		0.053 *** (0.020)		0.045 ** (0.021)
age^2		− 0.001 ** (0.000)		− 0.000 * (0.000)
nation		− 0.054 (0.034)		− 0.040 (0.036)
education		0.051 *** (0.013)		0.034 ** (0.015)
income		0.000 *** (0.000)		0.000 *** (0.000)
identity		0.020 (0.033)		0.004 (0.037)

变量	模型一	模型二	模型三	模型四
	m-insur	*m-insur*	*e-insur*	*e-insur*
health		−0.008 (0.041)		0.049 (0.047)
mental-health		0.042 (0.042)		0.065 (0.049)
register		0.048 * (0.024)		0.025 (0.027)
job		−0.019 (0.025)		−0.023 (0.028)
marriage		−0.033 (0.038)		−0.029 (0.043)
常数项	−1.380 *** (0.026)	−2.399 *** (0.508)	−1.592 *** (0.030)	−2.699 *** (0.559)
Pseudo R^2	0.000	0.072	0.000	0.068
样本观测值	6769	2412	6769	2412

注:括号中报告的是异方差稳健标准误;*、**和 *** 分别表示在10%、5%和1%水平上显著。

总体而言,安慰剂检验中的"伪为自己活"行为没有显著影响居民的商业保险购买行为,这暗含了基本研究结果较为稳健。

6.2.3 异质性分析

为了进一步深入分析个体化对居民商业保险购买行为的影响,本章通过分组回归的方式研究了"为自己活"行为影响居民购买行为的异质性,主要进行了城乡、受教育水平、工作单位类型等三个方面的分组回归,回归结果详见表6.7。

表6.7 分组回归结果

分组	类型	解释变量为 *birth*	
		模型一 *m-insur*	模型二 *e-insur*
城乡	城市	0.116* (0.062)	0.150** (0.067)
	农村	0.005 (0.155)	0.128 (0.165)
受教育水平	小学及以下	0.052 (0.218)	-0.261 (0.285)
	中学	-0.069 (0.079)	-0.076 (0.089)
	大学及以上	0.341*** (0.088)	0.465*** (0.096)
工作单位类型	政府机关及事业单位	0.008 (0.130)	0.102 (0.140)
	企业	0.142* (0.081)	0.161* (0.088)
	无单位	0.101 (0.11)	0.164 (0.127)

注：括号中报告的是异方差稳健标准误；*、**和***分别表示在10%、5%和1%水平上显著。

6.2.3.1 按城乡分组的回归

按城乡分组的回归结果显示，城市样本的回归结果中，商业医疗保险的系数为0.116，且显著，商业养老保险的系数为0.150，且显著，说明"为自己活"行为显著促进了城市样本购买商业医疗保险和商业养老保险；农村样本的回归结果中，商业医疗保险的系数为0.005，不显著，商业养老保险的系数为0.128，不显著，说明"为自己活"行为未显著影响农村样本的商业医疗保险购买行为以及商业养老保险购买行为。整体来看，社会个体化中的"为自己活"行为对居民商业保险的购买行为的影响在城市更加显著，这可能是因为城市生活节奏更快、压力更大，"为自己活"行为给城市生活的居民带来的风险更大、更明显。

6.2.3.2 按受教育水平分组的回归

按受教育水平分组的回归结果显示，小学及以下样本的回归结果中，商业医疗保险的系数为 0.052，不显著，商业养老保险的系数为 - 0.261，不显著，说明"为自己活"行为未显著影响小学及以下样本的商业医疗保险购买行为以及商业养老保险购买行为；中学样本的回归结果中，商业医疗保险的系数为 - 0.069，不显著，商业养老保险的系数为 - 0.076，不显著，说明"为自己活"行为未显著影响中学样本的商业医疗保险购买行为以及商业养老保险购买行为；大学及以上样本的回归结果中，商业医疗保险的系数为 0.341，且显著，商业养老保险的系数为 0.465，也显著，说明"为自己活"行为显著促进了大学及以上样本购买商业医疗保险和商业养老保险。整体来看，社会个体化中的"为自己活"行为主要显著提高了受教育水平为大学及以上样本购买商业保险的概率。这可能是因为，受教育水平高，其风险意识与保险意识水平较高，与受教育水平较低的居民相比，更能够利用商业保险工具加强风险管理。

6.2.3.3 按工作单位类型分组的回归

按工作单位类型分组回归的结果显示，政府机关及事业单位样本的回归结果中，商业医疗保险的系数为 0.008，不显著，商业养老保险的系数为 0.102，不显著，说明"为自己活"行为未显著影响政府机关及事业单位样本的商业医疗保险购买行为以及商业养老保险购买行为；企业样本的回归结果中，商业医疗保险的系数为 0.142，且显著，商业养老保险的系数为 0.161，也显著，说明"为自己活"行为显著促进了企业样本购买商业医疗保险以及商业养老保险；无单位样本的回归结果中，商业医疗保险的系数为 0.101，不显著，商业养老保险的系数为 0.164，不显著，说明"为自己活"行为未显著影响无单位样本的商业医疗保险购买行为以及商业养老保险购买行为。整体来看，社会个体化中的"为自己活"行为主要显著提高了企业样本购买商业保险的概率，这可能是因为政府机关及事业单位与企业相比，福利待遇、稳定性水平较高，能够为工作人员提供较好的医疗、养老等保障，而企业在此方面的保障水平相对有限，员工更加需要商业保险弥补风险缺口。无单位人员可能限于风险管理意识、商业保险意识，"为自己活"行为没有显著促进其购买商业保险。

6.2.4 "为自己活"行为促进居民投保商业保险的影响因素

为了进一步研究"为自己活"行为促进居民投保商业保险的影响因素，本章在基本模型的基础上从个体、家庭两个层面引入了交乘项。回归结果详见表 6.8。

表 6.8 引入交乘项的回归结果

类别	交乘项	（1）	（2）
个人层面	$education \times female_1$	0.046 ** （0.017）	0.062 ** （0.018）
	$tired \times female_1$	0.179 （0.168）	0.389 ** （0.194）
家庭层面	$income\_f \times female_1$	$-2.16e-07$ （0.000）	$-3.69e-07$ * （0.000）
	控制变量	是	是

注：括号中报告的是异方差稳健标准误；*、** 和 *** 分别表示在 10%、5% 和 1% 水平上显著。

6.2.4.1 个体层面的影响因素

引入受教育水平（$education$）与 $female_1$ 交乘项的回归结果。以商业医疗保险为被解释变量的模型中受教育水平与 $female_1$ 的交乘项系数为 0.046,且显著,说明受教育水平越高,越能够促进居民在"为自己活"的个体化中购买商业医疗保险。以商业养老保险为被解释变量的模型的受教育水平与 $female_1$ 的交乘项系数为 0.062,且显著,说明受教育水平越高,越能够促进居民在"为自己活"的个体化中购买商业养老保险。这可能是因为受教育水平较高的居民在"为自己活"的过程中对风险管理较强,并对保险的认知水平、信任水平以及接受度较高,在充分认识到生活中的个体化风险后会主动采取措施,购买商业医疗保险应对健康风险,购买商业养老保险来为未来养老提前做好准备。

引入身体综合疲惫水平,即"您多久会有一次身体累坏了的感觉"(tired)与 $female_1$ 交乘项的回归结果。以商业医疗保险为被解释变量的模型的身体综合疲惫水平与 $female_1$ 的交乘项系数为 0.179,不显著,说明综合疲惫水平并未对居民在"为自己活"的个体化中的商业医疗保险购买行为产生显著影响。以商业养老保险为被解释变量的模型的身体综合疲惫水平与 $female_1$ 的交乘项系数为 0.389,且显著,说明较高的身体综合疲惫水平会促进居民购买商业养老保险。这可能是因为,平时身体疲惫水平较高,会引起居民对身体健康的关注,居民可能会提高对未来的养老支出预期值,养老风险增加,养老压力加大,促进了"为自己活"的居民通过商业养老保险的手段来管理养老风险。

6.2.4.2 家庭层面的影响因素

引入家庭收入水平,即"您家去年全年家庭总收入"(income_f)与 $female_1$ 交乘项的回归结果。以商业医疗保险为被解释变量的模型的家庭收入水平与 $female_1$ 的交乘项系数为 $-2.16e-07$,不显著,说明家庭收入水平并未对居民在"为自己活"的个体化中的商业医疗保险购买行为产生显著影响。以商业养老保险为被解释变量的模型的家庭收入水平与 $female_1$ 的交乘项系数为 $-3.69e-07$,且显著,说明较高的家庭收入水平会抑制居民购买商业养老保险。这可能是因为,在"为自己活"的过程中,居民的家庭收入水平较高，能够在财务方面有效地满足未来养老需要，降低了"为自己活"居民的养老压力，进而降低了其商业养老保险的购买概率。

6.3 本章小结

随着我国社会个体化进程的推进，居民"为自己活"行为日渐明显，对应地，居民面临的相关风险也日益增多。本章基于中国综合社会调查2015年的数据，利用 Probit 模型和 PSM 等方法，研究了社会个体化中的"为自己活"行为是否促进了居民采取商业保险措施应对风险。研究发现，"为自己活"行为确实促进了居民购买商业保险。具体而言，个体化过程中的"为自己活"行为促使居民购买商业医疗保险的概率显著提高了2.3个百分点，促使居民购买商业养老保险的概率显著提高了2.4个百分点，通过更换变量、更换估计方法、倾向得分匹配法以及安慰剂检验等四种方法检验后发现，这一研究结果较为稳健。进一步研究发现，"为自己活"行为对居民购买商业保险行为的影响还存在城乡、受教育水平、工作单位类型等方面的异质性。具体而言，"为自己活"行为，更加显著地促进了城市样本购买商业医疗保险以及商业养老保险，对农村样本购买商业保险行为的影响并不显著；主要显著提高了受教育水平较高（大学及以上）样本购买商业医疗保险的概率以及购买商业养老保险的概率，对中学样本、小学及以下样本购买商业保险的行为的影响并不显著；主要显著提高了企业样本购买商业医疗保险的概率以及购买商业养老保险的概率，对政府机关及事业单位样本以及无单位的样本的商业保险的购买行为的影响并不显著。另外，受教育水平、综合疲惫水平以及家庭收入水平在"为自己活"行为对居民商业保险购买行为方面发挥一定的调节作用。

本章的实证结果显示，"为自己活"行为确实促进了居民通过商业保险来管理风险，体现在"为自己活"行为促进居民购买商业医疗保险以及商业养老保险，这可能是因为"为自己活"行为不仅会使居民关注到由于独立生活可能会使自己面临的健康风险增加以及独立应对健康风险的压力增加，还使得居民从长远考虑，关注自己的养老问题，因为宗族以及家庭逐渐个体化，传统的养老方式在个体化时代弊端凸显，依靠商业养老保险养老成为居民的新选择。社会个体化中的"为自己活"行为体现在生活中的方方面面，对应的风险也无处不在，促使居民通过购买商业保险来管理这些风险。

第 7 章

个体化对女性商业保险购买
行为的影响研究

中国女性独立水平不断提高已经成为不争的事实，与此同时，女性面临的个体化风险正日益加剧。日托服务供给从原来国家或单位提供转为市场化供给，人口老龄化、高龄化水平提高，离婚率日益攀升，工作节奏加快增大，家庭工作冲突增多，在这样的背景下，愈加独立的女性群体面临的健康风险、人身安全风险、职业发展风险、养老风险增加，给女性造成了越来越多的压力，社会个体化是否促进女性通过购买商业保险来管理上述的个体化风险是本章关注的主要问题。

7.1 变量选取、模型构建与描述性统计

7.1.1 数据来源

本章的数据来自 2015 年中国综合社会调查（Chinese General Social Survey，CGSS）数据。2015 年 CGSS 项目调查覆盖我国 28 个省（区、市）

的 478 村居，有效样本 10968 个。[①] 删除了男性样本以及存在异常值的样本后，共得到 5184 个女性样本，包括 1691 个个体化女性样本和 3493 个非个体化女性样本。

7.1.2　指标选取

7.1.2.1　被解释变量中的指标

限于数据，被解释变量主要选取了商业人身保险，包括商业医疗保险（*m-insur*），即"您目前是否参加了以下社会保障项目——商业性医疗保险"；商业养老保险（*e-insur*），即"您目前是否参加了以下社会保障项目——商业性养老保险"。

7.1.2.2　主要解释变量中的指标

主要解释变量为是否是个体化女性，主要用数据库中受访者对"您是否同意——男人以事业为重，女人以家庭为重"（$female_1$）"您是否同意——男性能力天生比女性强"（$female_2$）两个问题的回答来衡量。答案包括"完全同意""比较同意""无所谓同意不同意""比较不同意""非常不同意"五个方面，本章将回答"完全不同意"和"比较不同意"的女性受访者视为个体化女性，对应地，将 $female_m$ 取值 1，将回答"完全同意""比较同意""无所谓同意不同意"的女性受访者视为非个体化女性，对应地，将 $female_m$ 取值为 0。需要说明的是，本章以指标 $female_1$ 作为主要解释变量，指标 $female_2$ 用来检验模型的稳健性。

7.1.2.3　控制变量中的指标

根据已有研究（刘宏和王俊 2012；樊纲治和王宏扬，2015；秦芳等，

[①] 不含新疆、西藏、海南和港澳台地区的样本。

2016；熊萍和吴华安，2016；阮永锋，2018），控制变量选取了样本类型
（*type*）；省份（*province*）；政治面貌（*identity*），即"您目前的政治面貌"；
户口类型（*registration*），即"您目前的户口登记状况"；年龄（*age*）；年
龄平方（*age²*）；民族（*nation*），即"您的民族"；宗教信仰状况（*faith*）；
婚姻状况（*marriage*），即"您目前的婚姻状况"；工作经历（*job*），即
"您的工作经历及状况"；身体健康状态（*health*），即"您觉得您目前的
身体健康状况"；心理健康状态（*psychology*），即"在过去的四周中您感
到心情抑郁或沮丧的频繁程度"；受教育水平（*education*），即"您目前
的最高教育程度（包括目前在读的）"，大学及以上受教育水平赋值为 1，
中学及以下受教育水平赋值为 0；年收入（*income*），即"您个人去年全
年的总收入"。

7.1.3 模型建立

由于本章中涉及的被解释变量为二值变量，所以选择建立 Probit 模型，
基本模型如下：

$$P(insur_{ij} = 1 \mid X) = \alpha + \beta female_i + \delta\, control_i + \varepsilon_i \qquad (7.1)$$

其中，$insur_{ij}$ 表示，第 i 个样本投保第 j 种保险的情况，$j=1$ 时表示商业
医疗保险，$j=2$ 表示商业养老保险，$insur_{ij}$ 为二值变量，取 1 时，表示 i 投
保了 j 种保险，取 0 时表示 i 未投保 j 种保险；$female_i$ 中 i 表示是否为个体
化女性，$female_i$ 为二值变量，取 1 时，表示 i 为个体化女性，取 0 时，表示
i 不是个体化女性；$control_i$ 表示控制变量；ε_i 表示模型的残差项。

受访者 i 是否为个体化女性，是基于其对相关问题作出的回答判断得
出，而最终的答案是受访者 i 在对给定选项作出自然选择的结果，并非随
机分配或完全取决于外生环境，除了婚姻状况、收入水平等可观测的因素
以外，还有一些不可观测的因素影响其对问题回答的结果，从而很可能会
引发内生性问题。为了缓解可能存在的内生性问题对研究结果造成的干扰，

本研究选用了倾向得分匹配法，在此基础上，研究个体化女性的投保行为，匹配方法为最近邻匹配、半径匹配、核匹配。

本章将样本 i 归为个体化女性（$female_i = 1$）的条件概率作为倾向得分，样本 i 归为个体化女性（$female_i = 1$）的条件概率为：

$$ps(x_i) = Pr(female_i = 1 \mid X_i) \tag{7.2}$$

其中，Pr 表示个体 i 被划定为个体化女性的概率，X 为样本类型、年龄等变量所组成的可观测到的协变量。获得倾向得分 $ps(x)$ 后，就可以计算个体化女性组和非个体化女性组投保特定保险的差异，得到个体化女性对于投保特定保险的平均处理效应（ATT）：

$$
\begin{aligned}
ATT &= E[H_{1i} - H_{0i} \mid X, \ female_i = 1] \\
&= E\{E[H_{1i} - H_{0i} \mid X, \ female_i = 1, \ e(x_i)]\} \\
&= E\{E[H_{1i} \mid female_i = 1, \ e(x_i)]\} \\
&\quad - E\{E[H_{0i} \mid female_i = 0, \ e(x_i) \mid female_i = 1]\}
\end{aligned}
\tag{7.3}
$$

其中，H_{1i} 和 H_{0i} 分别表示样本 i 为个体化女性和非个体化女性时对应的投保特定保险的情况，一般来说我们只能观测到其中的一个值，所以若直接比较会产生选择性偏差。倾向得分匹配法，则可以使本章在研究中通过不同的匹配方法，将匹配得分相近的个体化女性样本和非个体化女性样本进行匹配来平衡数据，使得个体化女性样本组和非个体化女性样本组不再具有统计意义上的差异，进而获得相对准确的个体化女性对于投保特定保险的平均处理效应（ATT）。以核匹配为例，匹配方式如下：

为对个体化女性个体样本 i 进行匹配，需要将非个体化女性样本组的全部个体进行加权得到与其匹配的"虚拟非个体化女性个体"，其中每个非个体化女性个体 j 权重的计算方式为：

$$W_{ij} = G[(ps_j + ps_i)/h] \tag{7.4}$$

式（7.4）中的函数 G 为 Gauss 函数，用来计算两个样本的倾向得分的差值，h 为带宽参数，本章选取 0.01。若用 H_{1i} 和 H_{0i} 分别代表个体化女性组个体 i 和非个体化女性组个体 j 的投保特定保险的水平，N_1 代表个体化女性组的样本数量，平均处理效应（ATT）表示为：

$$ATT = \frac{1}{N_1 \sum \left(H_{1i} - \sum H_{0j}w_{ij} / \sum w_{ij} \right)} \tag{7.5}$$

另外，为了进一步研究个体化对女性保险购买保险行为产生作用的影响因素，本章在基本模型的基础上引入了交乘项，引入交乘项后的模型如下：

$$\mathrm{P}(insur_{ij} = 1 \mid X) = \alpha + \beta female_{im} + \mu z_{in} + \theta z_{in} female_{im} + \delta contral_i + \varepsilon_i \tag{7.6}$$

其中，z_{in} 表示引入的交乘项的变量。

7.1.4 描述性统计

为了对本章所研究的主要问题进行初步探析，本章对模型中涉及的主要解释变量、被解释变量、控制变量等进行了描述性统计，详见表7.1、图7.1和图7.2。

表7.1　　　　　　　　　主要被解释变量描述性统计

变量代码	女性全体样本		个体化女性样本		非个体化女性样本	
	均值	标准差	均值	标准差	均值	标准差
m-insur	0.082	0.274	0.119	0.324	0.064	0.244
e-insur	0.057	0.232	0.084	0.277	0.044	0.206
type	1.398	0.489	1.265	0.441	1.462	0.499
province	15.327	8.832	15.314	8.975	15.333	8.763
identity	1.225	0.728	1.377	0.899	1.151	0.615
registration	1.879	1.327	2.158	1.425	1.744	1.256
age	50.525	16.592	45.841	17.411	52.792	15.688

续表

变量代码	女性全体样本		个体化女性样本		非个体化女性样本	
	均值	标准差	均值	标准差	均值	标准差
age^2	2828.003	1721.122	2404.351	1738.444	3033.097	1674.848
nation	1.354	1.374	1.325	1.329	1.368	1.396
faith	0.868	0.339	0.892	0.311	0.856	0.351
marriage	3.432	1.515	3.137	1.497	3.575	1.503
job	3.231	1.73	2.966	1.926	3.359	1.612
health	3.536	1.093	3.727	1.024	3.444	1.113
psychology	3.792	0.932	3.898	0.907	3.741	0.939
education	0.148	0.355	0.282	0.45	0.082	0.275
income	24555.61	191000	35110.51	224000	19445.87	172000

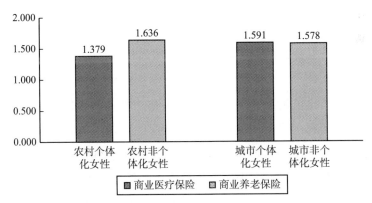

图 7.1 按城乡分组的个体化女性与非个体化女性投保均值的比值情况——以指标 $female_1$ 衡量是否为个体化女性

表 7.1 显示：在商业医疗保险方面，个体化女性样本均值（0.119）明显比全体样本均值（0.082）大，非个体化女性样本均值（0.064）比全体样本均值（0.082）小，初步说明个体化女性投保商业医疗保险的水平比非个体化女性的水平高；在商业养老保险方面，个体化女性样本均值（0.084）明显比全体样本均值（0.057）大，非个体化女性样本均值（0.044）比全

体样本均值（0.057）小，初步说明个体化女性投保商业养老保险的水平比非个体化女性的水平高。其他变量的描述性统计结果不再赘述。

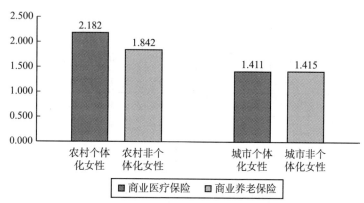

**图 7.2　按城乡分组的个体化女性与非个体化女性投保均值的
比值情况——以指标 $female_2$ 衡量是否为个体化女性**

图 7.1 按城乡分组列示了农村样本和城市样本中以指标 $female_1$ 衡量是否为个体化的女性个体化女性与非个体化女性投保商业医疗保险、商业养老保险的均值的比值情况。在农村样本方面，农村个体化女性投保商业医疗保险的均值是农村非个体化女性投保商业医疗保险均值的 1.379 倍，农村个体化女性投保商业养老保险的均值是农村非个体化女性投保商业养老保险均值的 1.636 倍，一定程度上说明农村个体化女性投保商业医疗保险、商业养老保险的水平均比农村非个体化女性的投保水平高。在城市样本方面，城市个体化女性投保商业医疗保险的均值是城市非个体化女性投保商业医疗保险均值的 1.591 倍，城市个体化女性投保商业养老保险的均值是城市非个体化女性投保商业养老保险均值的 1.578 倍，一定程度上说明城市个体化女性投保商业医疗保险、商业养老保险的水平均比城市非个体化女性的投保水平高。总体来看，无论在城市还是在农村，个体化女性投保商业医疗保险、投保商业养老保险的水平均比非个体化女性的投保水平高。

图 7.2 按城乡分组列示了农村样本和城市样本中以指标 $female_2$ 衡量个

体化女性与非个体化女性投保商业医疗保险、商业养老保险的均值的比值情况。在农村样本方面，农村个体化女性投保商业医疗保险的均值是农村非个体化女性投保商业医疗保险均值的 2.182 倍，农村个体化女性投保商业养老保险的均值是农村非个体化女性投保商业养老保险均值的 1.842 倍，一定程度上说明农村个体化女性投保商业医疗保险、商业养老保险的水平均比农村非个体化女性的投保水平高。在城市样本方面，城市个体化女性投保商业医疗保险的均值是城市非个体化女性投保商业医疗保险均值的 1.411 倍，城市个体化女性投保商业养老保险的均值是城市非个体化女性投保商业养老保险均值的 1.415 倍，一定程度上说明城市个体化女性投保商业医疗保险、商业养老保险的水平均比城市非个体化女性的投保水平高。总体来看，无论在城市还是在农村，个体化女性投保商业医疗保险、投保商业养老保险的水平均比非个体化女性的投保水平高。

通过上述描述性统计结果分析，可以得出一个基本判断，即个体化女性投保商业医疗保险、商业养老保险的水平均比非个体化女性高，但这一差异是否显著还需要做进一步的实证检验。

7.2 实证结果分析

为了从女性群体个体化层面研究我国社会个体化对女性商业保险购买行为的影响，本部分首先做了女性个体化行为与女性保险投保行为的基本回归，其次通过更换估计方法、更换主要解释变量、更换样本、安慰剂检验、使用倾向得分匹配法等五种方法检验了研究结果的稳健性。

7.2.1 基本回归结果分析

本章从群体个体化层面研究个体化对女性群体商业保险购买行为的影响。具体回归结果详见表 7.2。

表 7. 2   基本回归结果

变量	模型一	模型二	模型三	模型四
	m-insur	m-insur	e-insur	e-insur
$female_1$	0. 348 *** (0. 052)	0. 124 ** (0. 058)	0. 323 *** (0. 057)	0. 194 *** (0. 065)
type		− 0. 402 *** (0. 069)		− 0. 336 *** (0. 077)
province		− 0. 006 * (0. 003)		− 0. 007 ** (0. 004)
identity		0. 018 (0. 035)		− 0. 012 (0. 040)
registration		0. 067 *** (0. 020)		0. 053 ** (0. 022)
age		0. 017 (0. 010)		0. 041 *** (0. 012)
age^2		− 0. 000 ** (0. 000)		− 0. 000 *** (0. 000)
nation		− 0. 060 ** (0. 026)		− 0. 058 ** (0. 029)
faith		0. 043 (0. 084)		− 0. 147 * (0. 086)
marriage		− 0. 004 (0. 023)		0. 007 (0. 024)
job		− 0. 035 ** (0. 016)		− 0. 053 *** (0. 019)
health		0. 031 (0. 031)		0. 115 *** (0. 034)
psychology		0. 064 * (0. 033)		0. 040 (0. 038)

续表

变量	模型一	模型二	模型三	模型四
	m-insur	*m-insur*	*e-insur*	*e-insur*
education		0.347 *** (0.081)		0.292 *** (0.091)
income		0.000 (0.000)		0.000 (0.000)
常数项	− 1.526 *** (0.033)	− 1.491 *** (0.347)	− 1.702 *** (0.037)	− 2.531 *** (0.378)
Pseudo R²	0.015	0.097	0.014	0.077
样本观测值	5184	5184	5184	5184

注：括号中报告的是异方差稳健标准误；* 、** 和 *** 分别表示在 10%、5% 和 1% 水平上显著。

表 7.2 显示：模型一中主要解释变量的系数显著为 0.348，且显著，在模型一的基础上加入控制变量后的模型二中主要解释变量的系数变为 0.124，且仍然显著，经计算系数 0.124 对应的边际效应为 0.01592，即个体化女性购买商业医疗保险的概率显著高出 1.592 个百分点，说明与非个体化女性相比，个体化女性投保商业医疗保险的概率显著要高；模型三中主要解释变量的系数为 0.323，且显著，在模型三的基础上加入控制变量后的模型四中主要解释变量的系数变为 0.194，且仍然显著，经计算系数 0.194 对应的边际效应为 0.01945，说明个体化女性购买商业养老保险的概率显著高出 1.945 个百分点，说明与非个体化女性相比，个体化女性投保商业养老保险的概率显著要高。

总体来讲，基本回归的结果显示，相比于非个体化女性，个体化女性购买商业医疗保险和商业养老保险的概率显著更高。这可能是因为，相比于非个体化女性，个体化女性更加独立自强、自由自主，在家庭和社会生活中承担了更多的双重责任，面临较大个体化风险，风险感知强度较大，会使之处于恐惧、焦虑、沮丧等负面情绪中，并主动采取投保措施解除或者缓解这种状态（Cho & Lee，2006；Cooper & Faseruk，2011）。投保商业医疗保险、商业养老保险可以使其有效应对由育儿、老人照护等家庭工作与市场工作的冲突，家庭经济收入刚性需求，以及当下离婚威胁所导致和衍生的财务压力和风险（樊纲治和王宏扬，2015；Greene & Quester，1982；Westland & Christopher，2011）。

7.2.2　稳健性检验

7.2.2.1　更换估计方法

由于本章的主要解释变量是 0/1 二值，因此采用 Probit 模型进行估计，为了检验模型回归的稳健性，继续使用 Logit 模型进行研究，表 7.3 列示了回归结果。表 7.3 显示：模型一中主要解释变量的系数为 0.693，且显著，在模型一的基础上加入控制变量后的模型二中主要解释变量的系数变为 0.231，仍然显著，说明个体化行为显著促进了女性购买商业医疗保险；模型三中主要解释变量的系数为 0.680，且显著，在模型三的基础上加入控制变量后的模型四中主要解释变量的系数变为 0.383，仍然显著，说明个体化行为显著促进了女性购买商业养老保险。

表 7.3　　　　　　　　　稳健性检验：**Logit 回归**

变量	模型一	模型二	模型三	模型四
	m-insur	*m-insur*	*e-insur*	*e-insur*
$female_1$	0.693 *** (0.102)	0.231 ** (0.116)	0.680 *** (0.120)	0.383 *** (0.136)
type		−0.880 *** (0.151)		−0.779 *** (0.174)
province		−0.013 ** (0.007)		−0.016 ** (0.007)

续表

变量	模型一	模型二	模型三	模型四
	m-insur	m-insur	e-insur	e-insur
identity		0.032 (0.065)		− 0.026 (0.079)
registration		0.119 *** (0.039)		0.096 ** (0.044)
age		0.040 * (0.021)		0.092 *** (0.026)
age^2		− 0.001 ** (0.000)		− 0.001 *** (0.000)
nation		− 0.117 ** (0.057)		− 0.120 * (0.068)
faith		0.046 (0.172)		− 0.334 * (0.179)
marriage		− 0.010 (0.046)		0.006 (0.051)
job		− 0.065 ** (0.032)		− 0.106 *** (0.039)
health		0.076 (0.063)		0.239 *** (0.072)
psychology		0.117 * (0.066)		0.090 (0.081)
education		0.625 *** (0.156)		0.564 *** (0.185)
income		0.000 (0.000)		0.000 (0.000)
常数项	− 2.690 *** (0.069)	− 2.609 *** (0.705)	− 3.070 *** (0.082)	− 4.762 *** (0.807)
Pseudo R^2	0.015	0.096	0.014	0.077
样本观测值	5184	5184	5184	5184

注：括号中报告的是异方差稳健标准误；* 、** 和 *** 分别表示在 10%、5% 和 1% 水平上显著。

另外，借鉴已有研究（胡安宁，2014）的做法，本章又采用普通最小二乘法（OLS）对原来的模型进行估计。表7.4显示，模型一中主要解释变量的系数为0.056，且显著，在模型一的基础上加入控制变量后的模型二中主要解释变量的系数变为0.016，仍然显著，说明个体化行为显著促进了女性购买商业医疗保险；模型三中主要解释变量的系数为0.040，且显著，在模型三的基础上加入控制变量后的模型四中主要解释变量的系数变为0.022，仍然显著，说明个体化行为显著促进了女性购买商业养老保险。

表7.4　　　　　　　　　　稳健性检验：OLS 回归

变量	模型一	模型二	模型三	模型四
	m-insur	m-insur	e-insur	e-insur
$female_1$	0.056 *** (0.009)	0.016 * (0.009)	0.040 *** (0.008)	0.022 *** (0.008)
type		-0.041 *** (0.008)		-0.028 *** (0.007)
province		-0.001 * (0.000)		-0.001 * (0.000)
identity		0.002 (0.007)		-0.003 (0.006)
registration		0.011 *** (0.004)		0.007 ** (0.003)
age		0.002 (0.001)		0.005 *** (0.001)
age^2		-0.000 * (0.000)		-0.000 *** (0.000)
nation		-0.005 ** (0.002)		-0.004 ** (0.002)
faith		0.004 (0.010)		-0.015 (0.010)

续表

变量	模型一	模型二	模型三	模型四
	m-insur	m-insur	e-insur	e-insur
marriage		− 0.000 (0.003)		0.001 (0.002)
job		− 0.008 *** (0.003)		− 0.007 *** (0.002)
health		0.003 (0.004)		0.010 *** (0.003)
psychology		0.008 * (0.004)		0.004 (0.004)
education		0.088 *** (0.018)		0.052 *** (0.015)
income		0.000 (0.000)		0.000 (0.000)
常数项	0.064 *** (0.004)	0.077 (0.049)	0.044 *** (0.003)	− 0.044 (0.038)
Pseudo R^2	0.009	0.058	0.006	0.035
样本观测值	5184	5184	5184	5184

注：括号中报告的是异方差稳健标准误；*、** 和 *** 分别表示在 10%、5% 和 1% 水平上显著。

可以看出，无论使用 Logit 模型还是 OLS 模型对原有模型进行估计，回归结果均显示个体化行为显著促进了女性购买商业医疗保险以及商业养老保险，与基本回归结果较为一致。

7.2.2.2 替换主要解释变量

将原模型中的主要解释变量 $female_1$ 更换为 $female_2$。表 7.5 显示，模型一中主要解释变量的系数为 0.302，且显著，在模型一的基础上加入控制变量后的模型二中主要解释变量的系数变为 0.142，仍然显著，说明个体化行为显著促进了女性购买商业医疗保险；模型三中主要解释变量的系数为 0.262，且显著，在模型三的基础上加入控制变量后的模型四中主要解释变量的系数变为 0.160，仍然显著，说明个体化行为显著促进了女性购买商业养老保险。

表 7.5 **稳健性检验：更换解释变量**

变量	模型一	模型二	模型三	模型四
	m-insur	m-insur	e-insur	e-insur
$female_2$	0.302 *** （0.051）	0.142 *** （0.048）	0.262 *** （0.056）	0.160 *** （0.056）
type		− 0.407 *** （0.069）		− 0.346 *** （0.077）
province		− 0.006 * （0.003）		− 0.007 * （0.004）
identity		0.018 （0.035）		− 0.011 （0.040）
registration		0.069 *** （0.020）		0.056 ** （0.022）
age		0.016 （0.010）		0.040 *** （0.012）
age^2		− 0.000 ** （0.000）		− 0.000 *** （0.000）
nation		− 0.061 ** （0.026）		− 0.059 ** （0.029）
faith		0.039 （0.084）		− 0.148 * （0.087）
marriage		− 0.003 （0.023）		0.007 （0.024）

续表

变量	模型一	模型二	模型三	模型四
	m-insur	*m-insur*	*e-insur*	*e-insur*
job		− 0.036 ** (0.016)		− 0.054 *** (0.019)
health		0.030 (0.031)		0.114 *** (0.034)
psychology		0.065 ** (0.033)		0.041 (0.038)
education		0.344 *** (0.080)		0.294 *** (0.091)
income		0.000 (0.000)		0.000 (0.000)
常数项	− 1.541 *** (0.037)	− 1.490 *** (0.347)	− 1.707 *** (0.041)	− 2.491 *** (0.376)
Pseudo R²	0.014	0.099	0.011	0.078
样本观测值	5212	5212	5212	5212

注：括号中报告的是异方差稳健标准误；*、**和***分别表示在10%、5%和1%水平上显著。

可以看出，个体化行为同时提高了女性购买商业医疗保险和商业养老保险的概率，与基本回归结果的结论较为一致。

7.2.2.3　更换样本

为了检验女性的这一个体化行为影响居民商业保险购买行为的现象是否也在男性样本中有所体现，本部分将原来的女性样本换成男性样本进行估计，模型及估计方法保持不变。表7.6显示，模型一中主要解释变量的系数为0.086，不显著，在模型一的基础上加入控制变量后的模型二中主要解释变量的系数变为 − 0.017，仍不显著，说明女性的个体化行为影响居民商业医疗保险购买行为的现象并未在男性样本中体现；模型三中主要解释变量的系数为 0.036，不显著，在模型三的基础上加入控制变量后的模型四中主要解释变量的系数变为 – 0.024，仍不显著，说明女性的个体化行为影响居民商业养老保险购买行为的现象并未在男性样本中体现。

表 7.6　　　　　　　**稳健性检验：更换为男性样本**

变量	模型一	模型二	模型三	模型四
	m-insur	m-insur	e-insur	e-insur
$female_1$	0.086 (0.056)	– 0.017 (0.061)	0.036 (0.063)	– 0.024 (0.069)
type		– 0.239 *** (0.070)		– 0.173 ** (0.078)
province		– 0.006 * (0.003)		– 0.013 *** (0.004)
identity		0.020 (0.026)		0.039 (0.028)
registration		0.101 *** (0.020)		0.060 *** (0.023)
age		0.029 *** (0.011)		0.062 *** (0.013)
age^2		– 0.000 *** (0.000)		– 0.001 *** (0.000)
nation		– 0.038 (0.025)		– 0.044 (0.028)
faith		0.107 (0.105)		– 0.029 (0.115)
marriage		– 0.066 ** (0.028)		– 0.050 (0.032)
job		– 0.072 *** (0.019)		– 0.083 *** (0.021)

续表

变量	模型一 m-insur	模型二 m-insur	模型三 e-insur	模型四 e-insur
health		0.055 * (0.031)		0.077 ** (0.036)
psychology		0.010 (0.034)		0.057 (0.038)
education		0.408 *** (0.072)		0.417 *** (0.082)
income		0.000 (0.000)		0.000 * (0.000)
常数项	−1.348 *** (0.030)	−1.680 *** (0.348)	−1.533 *** (0.034)	−2.996 *** (0.402)
Pseudo R²	0.001	0.115	0.000	0.099
样本观测值	4696	4696	4696	4696

注：括号中报告的是异方差稳健标准误；＊、＊＊和＊＊＊分别表示在 10%、5% 和 1% 水平上显著。

更换样本的回归结果显示，女性的这一个体化行为影响居民商业保险购买行为的现象并未在男性样本中体现，这暗含了基本回归结果较为稳健。

7.2.2.4 安慰剂检验

利用安慰剂检验的方法检验基本回归的稳健性。在 5184 个女性样本中，个体化女性占比 32.66%。为了制造安慰剂实验，首先在原始样本中删除 1691 个个体化女性样本，剩余 3493 个样本，形成初始数据库 "non-independence"，在剩余的样本中随机选择 32.62% 的样本，作为 "伪个体化女性" 样本，并对所选取的样本的女性个体化指标（$female_1$）赋值为 1，并将变量女性个体化指标（$female_1$）命名为 "$female_1 a$"，形成初选数据库 "non-independence-a"；其次，将初选数据库与初始数据库合并，把指标"$female_1$"和"$female_1a$"一一对应，将指标"$female_1$"的值改为1，形成用于安慰剂检验的数据库；最后，按照基本的回归模型和估计方法进行回归。

表7.7列示安慰剂检验的回归结果。表7.7显示，模型一中主要解释变量的系数为0.078，不显著，在模型一的基础上加入控制变量后的模型二中主要解释变量的系数变为0.088，也不显著，说明"伪个体化女性"行为未显著影响其购买商业医疗保险的行为；模型三中主要解释变量的系数为0.006，不显著，在模型三的基础上加入控制变量后的模型四中主要解释变量的系数变为 − 0.002，也不显著，说明"伪个体化"行为未显著影响女性购买商业养老保险的行为。

表7.7 稳健性检验：安慰剂检验

变量	模型一	模型二	模型三	模型四
	m-insur	m-insur	e-insur	e-insur
$female_1$	0.078 (0.070)	0.088 (0.074)	0.006 (0.079)	− 0.002 (0.083)
type		− 0.323 *** (0.087)		− 0.257 *** (0.097)
province		− 0.006 (0.004)		− 0.007 (0.005)
identity		− 0.012 (0.056)		− 0.022 (0.062)
registration		0.067 ** (0.029)		0.078 *** (0.030)
age		0.010 (0.014)		0.033 ** (0.015)
age^2		− 0.000 (0.000)		− 0.000 * (0.000)

续表

变量	模型一	模型二	模型三	模型四
	m-insur	m-insur	e-insur	e-insur
nation		−0.153 *** (0.045)		−0.105 *** (0.039)
faith		0.161 (0.114)		−0.089 (0.113)
marriage		−0.015 (0.030)		−0.011 (0.033)
job		−0.031 (0.022)		−0.053 ** (0.025)
health		0.030 (0.041)		0.114 *** (0.044)
psychology		0.075 * (0.044)		0.041 (0.052)
education		0.633 *** (0.119)		0.538 *** (0.129)
income		0.000 (0.000)		0.000 (0.000)
常数项	−1.552 *** (0.041)	−1.521 *** (0.481)	−1.704 *** (0.045)	−2.480 *** (0.498)
Pseudo R^2	0.001	0.110	0.000	0.085
样本观测值	3493	3493	3493	3493

注：括号中报告的是异方差稳健标准误；*、** 和 *** 分别表示在 10%、5% 和 1% 水平上显著。

总体而言，安慰剂检验中的"伪个体化"行为没有显著影响女性的商业保险购买行为，这暗含了基本研究结果较为稳健。

7.2.2.5 倾向得分匹配回归

本章采用了倾向得分匹配法，来缓解模型可能存在的内生性问题对研究结果的影响，用基本回归模型中的全部控制变量作为协变量，分别采用了最近邻匹配、半径匹配、核匹配三种匹配方法对个体化女性样本组和非个体化女性样本组进行配对。三种匹配方法均通过了平衡性检验。

表7.8列示了倾向得分匹配回归的结果。在被解释变量为商业医疗保险、主要解释变量为女性个体化指标（$female_1$）的模型回归结果中，最近邻匹配方式下，ATT的值为0.024，t值为1.83，半径匹配方式下，ATT的值为0.017，t值为1.71，核匹配方式下，ATT的值为0.017，t值为1.78，说明个体化行为显著促进了女性购买商业医疗保险。在被解释变量为商业养老保险、主要解释变量为女性个体化指标（$female_1$）的模型回归结果中，最近邻匹配方式下，ATT的值为0.028，t值为2.59，半径配方式下，ATT的值为0.019，t值为2.30，核匹配方式下，ATT的值为0.020，t值为2.36，说明个体化行为显著促进了女性购买商业养老保险。可以看出个体化行为显著提高了女性购买商业医疗保险和商业养老保险的概率。倾向得分匹配方法的回归结果与基本回归结果较为一致。

表7.8 稳健性检验：倾向得分匹配回归

变量	最近邻匹配		半径匹配		核匹配	
	ATT	t值	ATT	t值	ATT	t值
m-insur	0.024	1.83	0.017	1.71	0.017	1.78
e-insur	0.028	2.59	0.019	2.30	0.020	2.36

注：卡尺内k近邻匹配元数为1，卡尺范围为0.01；半径匹配中半径设定为0.01；核匹配的带宽为0.01。

通过以上五种方法研究发现，回归结果并没有发生显著变化，说明基本回归的研究结果较为稳健。

7.2.3　异质性研究

本章通过分组回归的方式研究了个体化行为影响女性购买商业保险行为的异质性，主要进行了城乡和年龄方面的分组回归，回归结果详见表 7.9。

表 7.9　　　　　　　　　　　分组回归结果

分组	类型	模型一 m-insur	模型二 e-insur
城乡	农村样本	0.017 (0.135)	0.139 (0.147)
	城市样本	0.144 ** (0.065)	0.203 *** (0.073)
年龄	25~34 岁	0.029 (0.124)	0.065 (0.155)
	35~44 岁	0.136 (0.125)	0.035 (0.139)
	45~54 岁	0.310 ** (0.123)	0.422 *** (0.133)
	55 岁以上	0.051 (0.110)	0.169 (0.111)
控制变量		是	是

注：括号中报告的是异方差稳健标准误；*、** 和 *** 分别表示在 10%、5% 和 1% 水平上显著。

7.2.3.1　按城乡分组回归

按城乡分组的回归结果显示，农村样本的回归结果中，商业医疗保险的系数为 0.017，不显著，商业养老保险的系数为 0.139，也不显著，说明个体化行为没有显著促进农村女性样本购买商业医疗保险，对个体化女性商业养老保险的购买行为的影响也不显著；城市样本的回归结果中，商业医疗保险的系数为 0.144，显著，商业养老保险的系数为 0.203，也显著，说明个体化行为显著促进了城市女性样本购买商业养老保险以及商业养老保险。总体来看，个体化对女性的商业保险购买行为在城市比在农村更加明显，这可能是因为中国农村经济相对落后，保险公司往往不愿意进入较为贫困、医疗条件较差的农村地区，而城镇地区经济发展水平差异较小，医疗环境、精算条件比较成熟，保险公司倾向于开发这些市场（刘宏和王俊，2012）。

另外，农村个体化女性没有显著地购买商业医疗保险，还有可能是保险产品的城乡差异化不明显，专门针对农村居民的商业医疗保险产品（如农民健康保险产品）并不多，需求与供给匹配度不高，"一张保单卖全国"的现实问题应该加以解决（魏华林和杨霞，2007）。

7.2.3.2 按年龄分组回归

借鉴已有文献（刘宏和王俊，2012），将女性样本分为四个年龄段的样本。25~34 岁样本的回归结果中，商业医疗保险的系数为 0.029，不显著，商业养老保险的系数为 0.065，不显著，说明个体化行为并未显著影响 25~34 岁女性样本的商业养老保险、商业医疗保险的购买行为。35~44 岁样本的回归结果中，商业医疗保险的系数为 0.136，不显著，商业养老保险的系数为 0.035，不显著，说明个体化行为并未显著影响 35~44 岁女性样本的商业医疗保险、商业养老保险的购买行为。45~54 岁样本的回归结果中，商业医疗保险的系数为 0.310，显著，商业养老保险的系数为 0.422，也显著，说明个体化行为显著促进了 45~54 岁女性样本的购买商业养老保险、商业医疗保险。55 岁以上样本的回归结果中，回归结果显示，商业医疗保险的系数为 0.051，不显著，商业养老保险的系数为 0.169，不显著，说明个体化行为并未显著影响 55 岁以上女性样本的商业养老保险、商业医疗保险的购买行为。年龄在 55 岁以上的个体化女性未显著提高购买保险的概率，可能是因为保险公司存在风险选择现象，年龄较大者被保险公司接受的概率较小（刘宏和王俊，2012）。

7.2.4　个体化促进女性投保商业保险的影响因素

为了进一步研究影响个体化女性投保行为的影响因素，本节在基本模型的基础上从个体、家庭和社会三个层面引入了交乘项。回归结果详见表 7.10。

表 7.10　　　　　　　　　　　引入交乘项的回归结果

类别	交乘项	（1）	（2）
个人层面	$pressure \times female_1$	0.436 （0.508）	4.672 *** （0.942）
	$health \times female_1$	− 0.194 * （0.114）	− 0.192 （0.127）
家庭层面	$wealth \times female_1$	− 0.162 ** （0.066）	− 0.183 ** （0.073）
	$weight\_cost \times female_1$	0.105 * （0.062）	0.101 （0.064）
	$child \times female_1$	0.061 （0.053）	0.106 * （0.059）
社会层面	$security \times female_1$	− 0.370 *** （0.140）	− 0.149 （0.156）
控制变量		是	是

注：括号中报告的是异方差稳健标准误；* 、** 和 *** 分别表示在 10% 、5% 和 1% 水平上显著。

7.2.4.1　个体层面的影响因素

引入综合压力，即"您多久会有一次'我再也受不了了'的感觉"

（*pressure*）与 *female*₁ 交乘项的回归结果。以商业医疗保险为被解释变量的模型的综合压力水平与 *female*₁ 的交乘项系数为 0.436，但不显著，说明综合压力水平并未对个体化行为在女性购买商业医疗保险的作用方面产生显著影响。以商业养老保险为被解释变量的模型的综合压力与 *female*₁ 的交乘项系数为 4.627，且显著，说明较大的压力会促进个体化女性提高投保商业养老保险行为。这可能是因为较高的压力会增强个体化女性对未来养老等诸多方面的担忧和焦虑等负面情绪，风险感知水平增加，而购买养老保险可以对此加以缓解。

引入身体健康状态，即"您觉得您目前的身体健康状况"（*health*）与 *female*₁ 交乘项的回归结果，其中，回答"很不健康""比较健康""一般"的样本，指标 *health* 赋值为 0，回答"比较健康""很健康"的样本，指标 *health* 赋值为 1。以商业医疗保险为被解释变量的模型的身体健康状态与 *female*₁ 的交乘项系数为 −0.194，且显著，说明身体健康水平越低越能够促进个体化女性投保商业医疗保险。以商业养老保险为被解释变量的模型的身体健康状态与 *female*₁ 的交乘项系数为 −0.192，但不显著，说明身体健康水平未对个体化女性投保商业养老保险产生显著影响。这可能是因为，较低的自评健康水平能够有效地增加个体化女性对健康风险的感知，增加了个体化女性在健康原因造成的医疗费用支出方面的预期。

7.2.4.2　家庭层面的影响因素

引入家庭济档次，即"您家的家庭经济状况在所在地属于哪一档"（*wealth*）与 *female*₁ 交乘项的回归结果。以商业医疗保险为被解释变量的模型的家庭经济档次与 *female*₁ 的交乘项系数为 −0.162，且显著，说明较低的家庭经济档次能够显著促进个体化女性购买商业医疗保险的行为。这可能是因为家庭经济水平低，财务风险较大，难以有效应对其未来可能发生的健康风险，医疗支出压力较大。以商业养老保险为被解释变量的模型的家庭经济档次与 *female*₁ 的交乘项系数为 −0.183，且显著，说明较低的家庭经济档次能显著促进个体化女性购买商业养老保险，这可能是因为较低的家庭经济档次，意味着个体化女性面临的相对较大的财务风险，这会增加个体化女性未来的养老压力，促进了其通过购买商业养老保险来应对未来的养老风险。

引入家庭支出占家庭收入比重，即"去年您全家的家庭支出情况——家庭总支出"指标数据与"您家去年全年家庭总收入"指标数据比值（$weight\_cost$）与$female_1$交乘项的回归结果。以商业医疗保险为被解释变量的模型的家庭总支出占家庭收入比重与$female_1$的交乘项系数为0.105，且显著，说明较高的家庭总支出占比能够显著促进个体化女性购买商业医疗保险的行为。以商业养老保险为被解释变量的模型的家庭总支出占家庭收入比重与$female_1$的交乘项系数为0.101，但不显著，说明较高的家庭总支出占比没有对个体化女性购买商业养老保险产生显著影响。这可能是因为家庭总支出占家庭总收入比重越高，女性面临的财务风险越大，越会给个体化女性造成经济压力和心理负担，特别是可能引发其对应对未来健康风险中的经济压力的忧虑，促进通过购买商业医疗保险来应对这一风险。

引入孩子数量，即儿子与女儿的总数（$child$）与$female_1$交乘项的回归结果。以商业医疗保险为被解释变量的模型的孩子数量与$female_1$交乘项系数为0.061，但不显著，说明孩子数量并未对个体化女性购买商业医疗保险的行为产生影响。以商业养老保险为被解释变量的模型的孩子数量与$female_1$交乘项系数为0.106，且显著，说明孩子数量越多越能够促进个体化女性购买商业养老保险。这一回归结果与"养儿防老"的传统行为不相一致，可能是因为，较多的育儿事务对女性的就业产生了影响，如影响女性职业生涯发展以及女性工资水平，进而给个体化女性未来养老造成压力，促进其通过购买商业养老保险来应对未来养老风险。

7.2.4.3 社会层面的影响因素

引入社会保障满意度，即"您对下列公共服务其他各领域的满意度——社会保障"（$security$）与$female_1$交乘项的回归结果。以商业医疗保险为被解释变量的模型的社会保障满意度与 $female_1$ 的交乘项系数为 -0.370，且显著，说明较低的社会保障满意度能够显著增加个体化女性购买商业医疗保险的概率。这可能是因为综合的社会保障水平低，降低了处于风险社会中的个体化女性的安全感，特别是会增加个体化女性健康风险压力，促进其购买商业医疗保险。以商业养老保险为被解释变量的模型的社会保障满意度与 $female_1$ 的交乘项系数为 -0.149，不显著，说明较高的社会保障满意度并未显著影响个体化女性购买商业养老保险的概率。

7.3　本章小结

本章基于 CGSS 数据库 2015 年的数据，利用二元 Probit 模型和倾向评分匹配等方法，研究了个体化风险日益加剧的背景下，个体化女性是否更多地购买了商业保险以应对生活、工作冲突带来的诸多压力和风险。研究结果显示，相比于非个体化女性人群，个体化女性购买商业养老保险和商业医疗保险的概率分别显著高出 1.592 个和 1.945 个百分点。个体化女性的商业医疗保险和商业养老保险投保行为存在一定的异质性。具体而言，城市的个体化女性商业医疗保险和商业养老保险的投保概率均显著更大，农村的个体化女性投保商业保险的行为并不显著；25 ~ 34 岁的个体化女性投保商业医疗保险和商业养老保险行为不显著，35 ~ 44 岁的城市个体化女性投保商业医疗保险和商业养老保险行为不显著，45 ~ 54 岁的个体化女性的商业医疗保险和商业养老保险的投保概率均更显著，55 岁以上的个体化女性商业医疗保险和商业养老保险的投保行为不显著。另外，综合压力、身体健康、家庭经济档次、家庭总支出、孩子数量、社会保障满意度等因素会影响个体化女性的投保行为。具体而言，综合压力增大会对个体化女性的商业养老保险的投保行为起到显著促进作用；自评身体健康水平低会对个体化女性购买商业医疗保险起到促进作用；家庭经济档次低会对个体化女性购买商业医疗保险和商业养老保险起到促进作用；家庭总支出占家庭收入比重高会对个体化女性购买商业医疗保险起到促进作用；社会保障满意度低会对个体化女性购买商业医疗保险起到促进作用。

总而言之，本章的研究结果显示，个体化促进了女性购买商业医疗保险来应对健康风险，购买商业养老保险来应对未来的养老风险，这说明保险已经成为中国女性在个体化过程中应对个体化风险的重要工具。

第8章

结论与政策建议

8.1 研究结论

本书主要研究了社会个体化对居民商业保险购买行为的影响，首先从制度变迁、科技进步和文化发展三个视角梳理了中国社会个体化的现状，在此基础上分析了社会个体化过程中我国居民面临的个体化风险、基础性社会保障对个体化风险保障现状及存在的问题、商业保险对居民个体化风险保障的作用、居民商业保险需求状况。进一步，本书基于中国综合社会调查数据库 2015 年的数据，利用 Probit 模型和倾向得分匹配等方法，通过实证的方式研究了社会个体化中居民的"脱嵌"行为、"为自己活"行为以及女性群体个体化是否以及如何对居民商业保险购买行为产生影响。主要研究结论如下：

社会个体化中的"脱嵌"行为、"为自己活"行为以及女性群体个体化给居民带来了身体健康风险、心理健康风险、人身安全风险、失业风险、财务风险以及养老风险。然而，基础性社会保障覆盖有盲区，部分人群个体化风险未得到有效保障，基础性社会保障水平有限且无法覆盖所有个体化风险，居民面临个体化风险敞口，因此，居民个体化风险未能在基础性社会保障制度中得以充分保障。商业保险则可以在保障个体化风险方面发挥补充保障作用，保险密度、保险深度、保费收入的不断增长，也一定程度上说明了居民在社会个体化过程中增加了对商业保险的需求。

社会个体化过程中居民的"脱嵌"行为促进居民购买商业医疗保险的概率显著增加，但对其商业养老保险购买行为的影响并不显著。"脱嵌"行为对居民购买商业保险行为的影响存在城乡、受教育水平、工作单位类型等方面的异质性。家庭收入、子女教育支出、财富水平、医疗卫生公共服务满意度、社会保障满意度等因素则在"脱嵌"行为对居民商业医疗保险的影响中发挥一定的调节作用。

社会个体化中居民的"为自己活"行为促进居民显著提高了购买商业医疗保险、商业养老保险的概率。"为自己活"行为对居民购买商业保险行为的影响还存在城乡、受教育水平、工作单位类型等方面的异质性。受教育水平、综合疲惫水平以及家庭收入水平在"为自己活"行为对居民商业保险购买行为的影响中发挥一定的调节作用。

与非个体化女性人群相比，个体化女性购买商业养老保险、商业医疗保险的概率均显著较高。个体化对女性商业保险购买行为存在城乡和年龄方面的异质性。另外，综合压力、身体健康、家庭经济档次、家庭总支出、孩子数量、社会保障满意度等因素在个体化影响女性群体投保商业保险方面发挥一定的调节作用。

本书的研究结论有助于我国社会各界充分认识个体化社会中居民对于个体化风险保障的需求，并为我国进一步完善社会保障制度以及促进保险行业高质量发展起到一定的理论指导作用。个体化是我国社会变迁的一个重要趋势，居民在个体化社会面临逐增的个体化风险，研究社会个体化、个体化风险与居民商业保险需求之间的关系意义较为重要。在本书现有的研究基础上，我们将进一步关注社会个体化对青年群体以及农民工群体购买商业保险行为的影响，社会个体化对居民的商业医疗保险以及商业养老保险以外的其他商业保险购买行为的影响。

8.2 政策建议

8.2.1 促进保险业更加充分、平衡发展，满足居民个体化风险保障需求

从社会个体化促进居民通过商业保险手段应对逐增的种种风险这一事实中，我们可以窥见到处于新时代的居民对于管理、化解个体化风险的强烈需求和对美好生活的向往。因此，保险业要进一步提高发展质量，不断满足新时代居民的保险新需求。一方面，要提高保险业发展的充分性，进一步丰富保险产品种类、降低保险费率、提高保险产品普惠性，着力推进商业养老保险、商业定期寿险、商业医疗保险、长期护理保险等保险发展。另一方面，要提高保险业在城乡发展中的平衡性，加大力度促进农村保险业发展，提高农村居民的保险可及性。总而言之，保险业要不断提高发展的充分性和平衡性，以更好地满足居民多层次、个性化保险需求，有效促进居民应对社会个体化风险。

8.2.2 推动保险业科技化发展，提高保险业管理个体化风险的效率和能力

新一轮科学技术革命在世界范围内悄然发生，互联网、人工智能、大数据、云计算、区块链、物联网、车联网等科学技术发展迅猛，这些技术正在逐步被应用到各个行业的发展中，"科技赋能"正在成为各行业的重要发展思维。保险业同样需要连接科技，通过科技赋能，不断提高保险业管理个体化风险的效率和能力。

互联网技术作为保险业发展的底层技术支持，可以将保险公司与用户

连接在一起，便于保险人与被保险人沟通，在投保、核保、理赔等多方面可以提高运营效率，进而提高保险在管理居民个体化风险方面的效率。特别是我国网民数量基数较大①，居民逐渐改变了传统的线下生活和工作方式，更多地通过手机、电脑等智能终端使用互联网完成各项活动和任务，这为互联网保险发展提供了重要的环境支持，发展互联网保险业务不仅能够提高保险业服务客户的效率，还能够较好地适应居民的互联网化的生活方式。可穿戴设备和大数据技术则能够支持保险公司获取大量与顾客相关的数据，为保险大数法则的应用提供基础条件。尤其是大数据技术与人工智能技术的结合，可以帮助保险公司更好地实现保险定价模型的开发、迭代优化，为保险公司创新保险产品、满足居民个体化风险保障需求提供技术支持。区块链技术则可以为发展保险智能合约，在居民个体化风险发生时提高理赔效率提供技术支持。总而言之，科学技术可以提高保险管理居民个体化风险的能力和效率，保险业要不断提高科技化发展水平。

8.2.3 加强保险业场景化发展，提高保险业管理个体化风险的针对性

社会个体化已经成为我国社会变迁的一个重要趋势，社会个体化的场景众多，开发社会个体化场景保险应该是保险业有针对性地管理居民个体化风险的一项重要业务。买的衣服尺码不对时，退货需要自己承担运费；航班晚点，需要乘客自行承担晚点后果；假期旅行发生意外，留守老人意外摔倒，需要居民自己承担医疗费支出等后果；自行创业失败，创业者需要自行承担创业损失；租房财产被盗，居民需要自行承担财产损失……无论生活中还是工作中，个体化风险的场景大量存在，合理的开发个体化风险场景保险，满足居民特定场景下的个体化风险保障需求，可以让保险管

①　中国互联网络信息中心（CNNIC）发布第 47 次《中国互联网络发展状况统计报告》显示，截至 2020 年 12 月，我国网民规模达 9.89 亿。

理个体化风险更具有针对性。当然，开发场景化保险，需要大量的数据以及定价技术支持，科技赋能成为必要。此外，还要注意，不是所有的个体化风险场景都适合开发相应保险，要避免个体化风险场景保险发展中的噱头性产品的出现。

8.2.4 强化保险教育，提高居民通过保险管理个体化风险的意识

本书的实证研究部分的研究结果显示，中国社会个体化显著促进了居民购买保险来应对个体化风险，这较大程度上说明居民在个体化社会对个体化风险管理有着较为明显的需求。尽管部分居民已经意识到使用商业保险来管理个体化风险，但是限于对保险产品缺乏足够的认知，不少居民面临个体化风险敞口但还没有充分利用商业保险来管理个体化风险，这就需要通过强化保险教育的方式来不断提高居民的保险意识，释放居民的保险需求，提高居民社会个体化风险保障水平。

首先，保险业要采取有效措施积累保险声誉，提高居民对保险的信任度。保险声誉作为保险行业的公共性资源对于居民投保决策产生较大影响，正面的保险声誉能够不断提高居民对保险业的信任度，在面临的风险时，居民投保的意愿会更强。这就要求保险业及监管部门采取措施，不断提供较好保障个体化风险的质优价廉的保险产品与服务，严格约束销售误导、理赔难等行为。其次，要加强保险宣传，让居民更多地了解保险业在保障个体化风险中的作用，推动居民购买商业保险应对社会个体化风险。在保险宣传方面，政府的力量和保险业的力量要双管齐下，政府可以通过出台鼓励居民购买商业保险的政策，引导文化传播，如综艺节目、电影、电视剧等更多融入保险宣传元素，在公共场所，如城市地铁站、农村生活广场等适当增加保险宣传标语等方式加强保险宣传。保险业则可以通过发布商业保险保障社会个体化风险的公益宣传广告，快速响应公共危机事件，如地震、洪灾、重大疫情等，提高理赔效率，开展保险捐赠活动等方式，加

强保险宣传。

8.2.5 多措并举，缓解社会个体化中女性的压力

女性独立是一个重要趋势，但在个体化过程中女性还不能完全地摆脱特定的束缚，如育儿、家务劳动等，这使得女性面临着家庭工作冲突等风险和压力日益增加，这一个体化问题需要加以解决，除了通过商业保险为女性提供健康、养老等方面的保障外，还有必要采取其他措施来缓解个体化女性的诸多压力。

一方面，要大力发展育儿、养老、家政等服务业，通过市场化服务减轻个体化女性的压力。在个体化社会越来越多的中国女性面临着一边照顾家庭一边应对职场竞争处境，家庭工作冲突问题普遍突出，不利于家庭和睦和女性职业发展。大力发展育儿、养老和家政服务业务，将女性面对的育儿、照护老人、家务劳动等家庭事务适度转移到市场，不但能够增加就业，还能将女性从繁重的家庭事务中解放出来，安心参加职场活动，促进女性更好独立、全面发展，缓解女性压力。另一方面，政府可以实施税收优惠与津贴发放政策，缓解女性家庭工作冲突之痛。家庭照护行为会负面影响劳动供给和工资收入给家庭经济"增压"已是不争的事实，可以借鉴法国和西班牙等国家的做法，对有儿童和老人照护需要的家庭适当减免收入税、发放津贴，缓解女性及其家庭因照护需要带来的压力。

参考文献

[1] 安东尼·吉登斯. 社会学 [M]. 北京：北京大学出版社，2003.

[2] 安东尼·吉登斯. 现代性与自我认同 [M]. 北京：生活·读书·新知三联书店，1998.

[3] 彼得·泰勒－顾柏. 新风险新福利：欧洲福利国家的转变 [M]. 马继森，译. 北京：中国劳动社会保障出版社，2010.

[4] 蔡斯敏. 社会个体化时代趋向下人的主体性及其实现路向 [J]. 广西社会科学，2019（3）：90－95.

[5] 蔡志海，田杰. 个体化时代下农村贫困的应对方式 [J]. 开发研究，2017（3）：102－107.

[6] 常榕. 社会主义市场经济条件下人的价值取向探究 [D]. 北京：北京邮电大学，2015.

[7] 崔荔. 心理咨询的兴起与中国社会个体化 [D]. 上海：华东师范大学，2012.

[8] 陈璐，等. 家庭老年照料对女性劳动就业的影响研究 [J]. 经济研究，2016，51（3）：176－189.

[9] 陈小杏. "空巢青年"：中国社会个体化的映像与进路 [D]. 黑龙江：哈尔滨工业大学，2018.

[10] 陈钊，等. 考虑离婚的动态家庭分工理论及一个提高分工效率的保险机制 [J]. 经济学（季刊），2004（S1）：167－190.

[11] 陈冬. 集体主义: 从计划经济走向社会主义市场经济 [J]. 西部学刊, 2018 (11): 38－42.

[12] 邹波, 叶敬忠. 农村留守流动儿童及老年人社会支持政策研究 [M]. 北京: 人民出版社, 2018.

[13] 邓长玲, 赵春芳. 梅河口市农村留守妇女健康现状调查 [J]. 中国社区医师 (医学专业), 2010, 12 (19): 253－254.

[14] 第三期中国妇女社会地位调查课题组. 第三期中国妇女社会地位调查主要数据报告 [J]. 妇女研究论丛, 2011 (6): 5－15.

[15] 丁仁船, 骆克任. 人口结构变动对城市劳动参与率的影响——以合肥为例 [J]. 统计教育, 2007 (2): 18－21.

[16] 樊纲治, 王宏扬. 家庭人口结构与家庭商业人身保险需求——基于中国家庭金融调查 (CHFS) 数据的实证研究 [J]. 金融研究, 2015 (7): 170－189.

[17] 范红丽, 陈璐. 替代效应还是收入效应?——家庭老年照料对女性劳动参与率的影响 [J]. 人口与经济, 2015 (1): 91－98.

[18] 范方. 留守儿童焦虑/抑郁情绪的心理社会因素及心理弹性发展方案初步研究 [D]. 长沙: 中南大学, 2008.

[19] 冯莉. 个体化时代城市青年的社会压力及其应对 [J]. 中国青年研究, 2014 (2): 87－91.

[20] 高夏丽. 个体化视域下农村已婚妇女进城务工的困境分析 [J]. 人口与社会, 2019, 35 (3): 99－110.

[21] 葛玉好, 曾湘泉. 市场歧视对城镇地区性别工资差距的影响 [J]. 经济研究, 2011, 46 (6): 45－56, 92.

[22] 耿明斋, 等. 人口流动, 制度壁垒与新型城镇化——基于实地调查的报告 [M]. 北京: 社会科学文献出版社, 2013.

[23] 国家卫生和计划生育委员会流动人口司. 中国流动人口发展报告 [M]. 北京: 中国人口出版社, 2016.

[24] 郭亚琳. 农民工市民化的户籍制度改革问题研究 [D]. 杭州: 浙江

农林大学, 2015.

[25] 郭东杰. 新中国 70 年: 户籍制度变迁, 人口流动与城乡一体化 [J]. 浙江社会科学, 2019 (10): 75 – 84, 158 – 159.

[26] 黄诚. 个体化社会与社会治理 [N]. 光明日报, 2014 – 11 – 26 (3).

[27] 胡芳肖, 等. 农民工加入企业职工基本养老保险意愿的影响因素实证 [J]. 西北人口, 2019, 40 (3): 78 – 92.

[28] 黄枫. 人口老龄化视角下家庭照料与城镇女性就业关系研究 [J]. 财经研究, 2012, 38 (9): 16 – 26.

[29] 胡安宁. 教育能否让我们更健康——基于 2010 年中国综合社会调查的城乡比较分析 [J]. 中国社会科学, 2014 (5): 116 – 130, 206.

[30] 洪晓楠, 林丹. 风险社会中的青年心理问题与治理 [J]. 大连理工大学学报 (社会科学版), 2006 (4): 69 – 75.

[31] 贾男, 等. 工资率、"生育陷阱"与不可观测类型 [J]. 经济研究, 2013, 48 (5): 61 – 72.

[32] 江生忠. 风险管理与保险 [M]. 天津: 南开大学出版社, 2008.

[33] 计迎春, 郑真真. 社会性别和发展视角下的中国低生育率 [J]. 中国社会科学, 2018 (8): 143 – 161, 207 – 208.

[34] 揭爱花. 单位: 一种特殊的社会生活空间 [J]. 浙江大学学报 (人文社会科学版), 2000 (5): 73 – 80.

[35] 蒋建国. 网络化生存、网络孤独症蔓延与心理危机 [J]. 探索与争鸣, 2013 (10): 81 – 85.

[36] 姜锡润, 王曼. 论社会转型时期价值冲突的根源与价值观重建 [J]. 武汉大学学报 (哲学社会科学版), 2005 (2): 149 – 155.

[37] 江立华, 王斌. 个体化时代与我国社会工作的新定位 [J]. 社会科学研究, 2015 (2): 124 – 129.

[38] 林李月, 朱宇. 流动人口社会保险参与情况影响因素的分析——基于福建省六城市的调查 [J]. 人口与经济, 2009 (3): 91 – 97.

[39] 刘柏惠. 我国家庭中子女照料老人的机会成本——基于家庭动态调查

数据的分析 [J]. 人口学刊, 2014, 36 (5): 48 – 60.

[40] 刘宏, 王俊. 中国居民医疗保险购买行为研究——基于商业健康保险的角度 [J]. 经济学 (季刊), 2012, 11 (3): 1525 – 1548.

[41] 刘波. 当代中国集体主义模式演进研究 [D]. 上海: 复旦大学, 2011.

[42] 刘小鸽. 计划生育, 家庭规模与代际收入流动 [D]. 济南: 山东大学, 2016.

[43] 刘建茂. 当代中国集体主义研究 [D]. 北京: 中共中央党校, 2018.

[44] 梁文莉. 中国工业机器人市场统计数据分析 [J]. 机器人技术与应用, 2019 (2): 42 – 48.

[45] 陆利丽. 中国城镇已婚女性劳动力供给及其收入分配效应研究 [D]. 杭州: 浙江大学, 2014.

[46] 路风. 单位: 一种特殊的社会组织形式 [J]. 中国社会科学, 1989 (1): 71 – 88.

[47] 吕学静, 李佳. 流动人口养老保险参与意愿及其影响因素的实证研究——基于 "有限理性" 学说 [J]. 人口学刊, 2012 (4): 14 – 23.

[48] 罗永仕, 韦柳温. "个体化" 转向与农村库区移民的风险意识构建 [J]. 广西师范学院学报 (哲学社会科学版), 2015 (1): 84 – 88.

[49] 罗云, 等. 安全风险管控——宏观安全风险预控与治理 [M]. 北京: 科学出版社, 2020.

[50] 李飞飞. 脱嵌与再嵌入: 独居青年的个体化研究 [D]. 武汉: 华中师范大学, 2019.

[51] 李文军, 朱稳根. 个体化社会、公共风险与财政支出结构演进研究——兼评公共服务型政府建设 [J]. 首都经济贸易大学学报, 2013, 15 (2): 30 – 37.

[52] 李山. 社区文化治理: 个体化社会的社区重建之道 [D]. 武汉: 华中师范大学, 2015.

[53] 李向军. 个体化视角下失地农民的风险困境 [J]. 理论与改革, 2008 (1): 102 – 104.

[54] 李华强，等．突发性灾害中的公众风险感知与应急管理——以5·12汶川地震为例 [J]．管理世界，2009 (6)：52－60，187－188.

[55] 李恒全，陈成文．从个体化看中国社会治理基础的重建 [J]．山东社会科学，2016 (7)：77－81.

[56] 李丁，郭志刚．中国流动人口的生育水平——基于全国流动人口动态监测调查数据的分析 [J]．中国人口科学，2014 (3)：17－29，126.

[57] 李实，等．中国城镇职工性别工资差距的演变 [J]．管理世界，2014 (3)：53－65，187.

[58] 李汉东，等．计划生育政策以来的独生子女数量及家庭结构分析 [J]．统计与决策，2018，34 (13)：99－104.

[59] 李强，臧文斌，父母外出对留守儿童健康的影响 [J]．经济学（季刊），2011，10 (1)：341－360.

[60] 廖海亚，游杰．中国人口结构转变下的保险发展 [J]．保险研究，2012 (3)：24－32.

[61] 马焱，李龙．照料老年父母对城镇已婚中青年女性就业的影响 [J]．人口与经济，2014 (2)：39－47.

[62] 马克斯·韦伯．学术与政治 [M]．冯克利，译．北京：生活·读书·新知三联书店，1998.

[63] 马福云．当代中国户籍制度变迁研究 [D]．北京：中国社会科学院，2001.

[64] 马桂萍．农民工市民化制度演进与创新 [D]．大连：辽宁师范大学，2008.

[65] 诺贝特·埃利亚斯．个体的社会 [M]．翟三江，陆兴华，译．南京：译林出版社，2003.

[66] 彭青青，等．中国市场化过程中城镇女性劳动参与率变化趋势 [J]．金融研究，2017 (6)：33－49.

[67] 齐子鹏，等．基于人口结构角度的商业健康保险需求分析 [J]．保险

研究，2018（5）：45-55.

[68] 齐格蒙特·鲍曼.个体化社会 [M].上海：上海三联书店，2002.

[69] 齐美尔.社会是如何可能的：齐美尔社会学文选 [M].桂林：广西师范大学出版社，2002.

[70] 秦立建，等.流动人口的社会保险覆盖率及其影响因素分析 [J].统计研究，2015，32（1）：68-72.

[71] 秦芳，等.金融知识对商业保险参与的影响——来自中国家庭金融调查（CHFS）数据的实证分析 [J].金融研究，2016（10）：143-158.

[72] 卿石松.职位晋升中的性别歧视 [J].管理世界，2011（11）：28-38.

[73] 钱亚梅.个体化社会的风险认知与行动策略 [J].科学经济社会，2018，36（3）：9-16.

[74] 阮永锋.宗族网络抑制了农村商业保险的发展吗——基于"千村调查"数据的实证研究 [J].华中科技大学学报（社会科学版），2018，32（2）：87-95，140.

[75] 任树正.频繁换工：个体化时代新生代农民工"短工化"现象研究 [D].武汉：华中师范大学，2018.

[76] 孙菲，杨君.个体化时代的风险自由与社会认同 [J].东岳论丛，2015，36（11）：163-167.

[77] 孙艳艳."女汉子"的符号意义解析——当代青年女性的角色认同与社会基础 [J].中国青年研究，2014（7）：11-15.

[78] 孙中伟，等.从"劳动权"到"市民权"："福利三角"视角下农民工养老保险参与意愿 [J].华南师范大学学报（社会科学版），2014（3）：108-117.

[79] 孙文凯，等.户籍制度改革对中国农村劳动力流动的影响 [J].经济研究，2011，46（1）：28-41.

[80] 宋晓梧.中国社会保障制度70年演变及展望 [J].中国劳动，2019

（10）：5 – 15.

[81] 邵力，唐魁玉 . 微信互动中"个体社会"的呈现 ［J］. 哈尔滨工业大学学报（社会科学版），2018，20（3）：44 – 50.

[82] 唐文清，等 . 大学生手机成瘾倾向与人际关系困扰和孤独感的关系 ［J］. 中国心理卫生杂志，2018，38（12）：1045 – 1049.

[83] 童玉林，等 . 养老保险对农村老年人养老安全感影响的实证研究 ［J］. 广西经济管理干部学院学报，2015，27（2）：20 – 27.

[84] 田玲，等 . 政府行为、风险感知与巨灾保险需求的关联性研究 ［J］. 中国软科学，2015（9）：70 – 81.

[85] 王建民 . 个体化社会中"社会容纳力"的缺失与重塑——理论阐释与案例分析 ［J］. 学习与实践，2010（2）：106 – 111.

[86] 魏永强 . 个体化趋势对社会主义价值观的冲击 ［J］. 毛泽东邓小平理论研究，2017（2）：58 – 64，113 – 114.

[87] 魏东霞 . 户籍分割制度下儿童留守的成因与精神健康研究 ［D］. 广州：暨南大学，2017.

[88] 魏金龙，等 . 家庭异质性，互联网使用与商业保险参保——基于中国家庭金融调查数据 ［J］. 南方金融，2019（9）：51 – 62.

[89] 乌尔里希·贝克，伊丽莎白·贝克 – 格恩斯海姆 . 个体化 ［M］. 李荣山，范譞，张惠强，译 . 北京：北京大学出版社，2011.

[90] 乌尔里希·贝克 . 风险社会：新的现代性之路 ［M］. 张文杰，何博文，译 . 南京：译林出版社，2018.

[91] 王国军 . 保险经济学 ［M］. 第二版 . 北京：北京大学出版社，2014.

[92] 王阳，张攀 . 个体化存在与圈群化生活：青年群体的网络社交与圈群现象研究 ［J］. 中国青年研究，2018（2）：83 – 88.

[93] 王美艳 . 中国城市劳动力市场上的性别工资差异 ［J］. 经济研究，2005（12）：35 – 44.

[94] 王滨 . 大学生孤独感与网络成瘾倾向关系的研究 ［J］. 心理科学，2006（6）：1425 – 1427.

[95] 王力平. 风险与安全：个体化社会的社会学想象 [J]. 新疆社会科学, 2013 (2)：118 - 123, 152.

[96] 王晓全, 孙祁祥. 背景风险对保险需求的影响——基于中国健康保险市场的实证研究 [J]. 保险研究, 2011 (3)：108 - 114.

[97] 王丹宏. 女性主义与女性政治参与：从社会思潮到政治实践 [D]. 长春：吉林大学, 2016.

[98] 文军. 个体化社会的来临与包容性社会政策的建构 [J]. 社会科学, 2012 (1)：81 - 86.

[99] 吴晓隆. 逃离与回归：个体化视角下青年间隔年旅行现象研究 [D]. 上海：华东师范大学, 2015.

[100] 吴小英. 主妇化的兴衰——来自个体化视角的阐释 [J]. 南京社会科学, 2014 (2)：62 - 68, 77.

[101] 谢向阳, 淦家辉. 论个体化趋向下中国社会的变迁与重构 [J]. 安徽行政学院学报, 2014, 5 (6)：102 - 107.

[102] 向霜. 我国计划生育政策的社会效应研究 [D]. 济南：山东师范大学公共管理系, 2015.

[103] 解彩霞. 现代化·个体化·空壳化：一个当代中国西北村庄的社会变迁 [M]. 北京：中国社会科学出版社, 2017.

[104] 解彩霞. 个体化：理论谱系及国家实践——兼论现代性进程中个体与社会关系的变迁 [J]. 青海社会科学, 2018 (1)：111 - 117.

[105] 熊萍, 吴华安. 我国流动人口参与医疗保险的影响因素分析——基于 2016 年流动人口动态监测的数据 [J]. 西北人口, 2018, 39 (5)：96 - 102, 111.

[106] 薛红. 在个体化浪潮之中的性别身份和婚姻家庭——贝克的《风险社会》中的性别和婚姻家庭分析 [J]. 国外社会科学, 2001 (3)：88 - 92.

[107] 徐安琪, 刘汶蓉. 家务分配及其公平性——上海市的经验研究 [J]. 中国人口科学, 2003 (3)：45 - 51.

[108] 续继，黄娅娜. 性别认同与家庭中的婚姻及劳动表现 [J]. 经济研究，2018，53（4）：136－150.

[109] 阎云翔. 中国社会的个体化 [M]. 陆洋，等译. 上海：上海译文出版社，2012.

[110] 颜士梅，等. 企业人力资源开发中性别歧视的表现形式——基于内容分析的访谈研究 [J]. 管理世界，2008（11）：110－118.

[111] 杨菊华. 近20年中国人性别观念的延续与变迁 [J]. 山东社会科学，2017（11）：60－71.

[112] 杨菊华. 传续与策略：1990—2010年中国家务分工的性别差异 [J]. 学术研究，2014（2）：31－41，4，54，159.

[113] 杨维，等. 情绪状态、信息关注与地震风险感知研究 [J]. 保险研究，2014（7）：61－71.

[114] 杨波. 小微企业管理 [M]. 上海：复旦大学出版社，2016.

[115] 叶敬忠，等. 中国农村留守人口：反思发展主义的视角 [M]. 北京：社会科学文献出版社，2015.

[116] 尹文耀，等. 生育水平评估与生育政策调整——基于中国大陆分省生育水平现状的分析 [J]. 中国社会科学，2013（6）：109－128，206－207.

[117] 尹志锋，等. 流动人口的社会保障状况及影响因素分析——基于2006年北京市的微观数据 [J]. 北京科技大学学报（社会科学版），2010，26（2）：53－61.

[118] 尹世久，等. 中国食品安全发展报告（2018）[M]. 北京：北京大学出版社，2018.

[119] 于长永，李敏. 商业养老保险：农民的购买意愿及其影响因素——来自新疆13个地州市726位农民调查的数据 [J]. 哈尔滨商业大学学报（社会科学版），2015（4）：3－14.

[120] 袁雪梅，等. 不同区域城镇居民商业养老保险需求影响因素分析 [J]. 保险职业学院学报，2018，32（2）：25－33.

［121］姚俊. 农民工参加不同社会养老保险意愿及其影响因素研究——基于江苏五地的调查 ［J］. 中国人口科学, 2010 (1): 93 – 100, 112.

［122］尤春雪, 郝勇. 个体化社会背景下"剩女"成因分析——基于 CGSS2015 数据的实证研究 ［J］. 武汉理工大学学报 (社会科学版), 2020, 33 (1): 87 – 92.

［123］张红霞, 江立华. 个体化变局下新生代农民工的"脱域"与"风险" ［J］. 中国青年研究, 2016, 239 (1): 50 – 57.

［124］张红霞, 等. 城镇化背景下农村个体化趋势及社会治理转型 ［J］. 理论导刊, 2016 (3): 70 – 73.

［125］张良. 论乡村社会关系的个体化——"外出务工型村庄"社会关系的特征概括 ［J］. 江汉论坛, 2017 (5): 139 – 144.

［126］张良. 现代化进程中的个体化与乡村社会重建 ［J］. 浙江社会科学, 2013 (3): 4 – 10, 155.

［127］张良. 乡村社会的个体化与公共性建构 ［D］. 武汉: 华中师范大学, 2014.

［128］张艳斌. 自由抑或风险: 个体化视角下"空巢青年"的双重面向 ［J］. 宁夏社会科学, 2018 (4): 141 – 146.

［129］张怡菲. 马克思主义女性主义视域下的性别反思 ［D］. 北京: 中央民族大学, 2016.

［130］章正. 青年心理健康拉响警报: 近三成有抑郁风险 ［N］. 中国青年报, 2019 – 04 – 11 (7).

［131］甄明昊, 等. 失地农民参与商业养老保险的影响因素研究——基于江苏省淮安市淮安区的调查研究 ［J］. 经济师, 2017 (3): 148 – 152.

［132］郑耀阳. 户籍制度对新生代农民工市民化的影响及对策分析 ［D］. 长春: 吉林大学, 2014.

［133］钟晓慧, 郭巍青. 新社会风险视角下的中国超级妈妈——基于广州

市家庭儿童照顾的实证研究 [J]. 妇女研究论丛, 2018 (2): 67 - 78, 101.

[134] 钟志凌. 社会主义市场经济条件下的集体主义研究 [D]. 重庆: 西南大学, 2012.

[135] 周长城, 叶闽慎. 个体化社会与多元化社会治理 [J]. 人民论坛, 2015 (17): 6 - 10.

[136] 朱红文, 李夫泽. 从社会的个体化趋势看社会治理创新 [N]. 光明日报, 2015 - 08 - 24 (11).

[137] 朱余斌. 建国以来乡村治理体制的演变与发展研究 [D]. 上海: 上海社会科学院, 2017.

[138] 卓志. 我国人寿保险需求的实证分析 [J]. 保险研究, 2001 (5): 10 - 12.

[139] 卓志, 周志刚. 巨灾冲击、风险感知与保险需求——基于汶川地震的研究 [J]. 保险研究, 2013 (12): 74 - 86.

[140] Attanasio O, et al. Female labor supply as insurance against idiosyncratic risk [J]. Journal of the European Economic Association, 2005, 3 (2 - 3): 755 - 764.

[141] Baxter J, et al. Life course transitions and housework: Marriage, parenthood, and time on housework [J]. Journal of Marriage and Family, 2008, 70 (2): 259 - 272.

[142] Becker G S. Altruism in the family and selfishness in the market place [J]. Economica, 1981, 48 (189): 1 - 15.

[143] Bertrand M, et al. Gender identity and relative income within households [J]. The Quarterly Journal of Economics, 2015, 130 (2): 571 - 614.

[144] Bittman M, et al. When does gender trump money? Bargaining and time in household work [J]. American Journal of Sociology, 2003, 109 (1): 186 - 214.

[145] Bolin K, et al. Your next of kin or your own career?: Caring and working

among the 50 + of Europe [J]. Journal of Health Economics, 2008, 27 (3): 718 - 738.

[146] Booth A L, Van Ours J C. Hours of work and gender identity: Does part-time work make the family happier? [J]. Economica, 2009, 76 (301): 176 - 196.

[147] Botzen W, et al. Willingness of homeowners to mitigate climate risk through insurance [J]. Ecological Economics, 2009, 68 (8): 2265 - 2277.

[148] Brines J. Economic dependency, gender, and the division of labor at home [J]. American Journal of Sociology, 1994, 100 (3): 652 - 688.

[149] Brown J R, Austan G. Does the internet make markets more competitive? Evidence from the life insurance industry [J]. Journal of Political Economy, 2002, 110 (3): 481 - 507.

[150] Bukodi E. Women's occupational career mobility and family formation: The case of hungary [R]. Joint ECE/INSTRAW/UNSD Work Session on Gender Statistics, Working Paper, No. 25, 1998.

[151] Carmichael F, Charles S. Benefit payments, informal care and female labour supply [J]. Applied Economics Letters, 2003, 10 (7): 411 - 415.

[152] Chambaz C. Lone-parent families in Europe: a variety of economic and social circumstances [J]. Social Policy & Administration, 2001, 35 (6): 658 - 671.

[153] Chen T. Health insurance coverage and marriage behavior: Is there evidence of marriage lock? [R]. Working Paper, No. 2019 - 09, 2019.

[154] Cho J, Lee J. An integrated model of risk and risk-reducing strategies [J]. Journal of Business Research, 2006, 59 (1): 112 - 120.

[155] Codazzi K, et al. Gender identity and female labour supply in Brazil [R]. Wider Working Paper, 2017.

[156] Cooper T, Faseruk A. Strategic risk, risk perception and risk behaviour:

meta-analysis [J]. Journal of Financial Management & Analysis, 2011, 24 (2): 20 – 29.

[157] Crespo L. Caring for parents and employment status of European mid-life women [C]. Paper presented at the Second Workshop Economics of the Family at the University of Zaragoza, 2006.

[158] Dash N, Gladwin H. Evacuation decision making and behavioral respon-ses: Individual and household [J]. Natural Hazards Review, 2007, 8 (3): 69 – 77.

[159] Doiron D, Kalb G. Demands for child care and household labour supply in Australia [J]. Economic Record, 2005, 81 (254): 215 – 236.

[160] Dynarski S, et al. Can families smooth variable earnings? [J]. Brookings Papers on Economic Activity, 1997 (1): 229 – 303.

[161] Eagly A H, Carli L L. The female leadership advantage: An evaluation of the evidence [J]. The leadership quarterly, 2003, 14 (6): 807 – 834.

[162] Ettner S L. The impact of "parent care" on female labor supply decisions [J]. Demography, 1995, 32 (1): 63 – 80.

[163] Ettner S L. The opportunity costs of elder care [J]. Journal of Human Re-sources, 1996: 189 – 205.

[164] Furdyna H E, et al. Relative spousal earnings and marital happiness among African American and White women [J]. Journal of Marriage and Family, 2008, 70 (2): 332 – 344.

[165] Galor O, Weil D N. The gender gap, fertility and growth [J]. National Bureau of Economic Research, 1993.

[166] Ganderton P T, et al. Buying insurance for disaster-type risks: experimen-tal evidence [J]. Journal of Risk and Uncertainty, 2000, 20 (3): 271 – 289.

[167] Garven J R. On the implications of the internet for insurance markets and

institutions [J]. Risk Management and Insurance Review, 2002, 5 (2): 105 – 116.

[168] Goffman E E. Gender advertisements [J]. Journal of Marketing Research, 1979, 15 (2): 84.

[169] Greene W H, Quester A O. Divorce risk and wives' labor supply behavior [J]. Social Science Quarterly, 1982, 63 (1): 16 – 27.

[170] Greenhaus J H, Beutell N J. Sources of conflict between work and family roles [J]. Academy of Management Review, 1985, 10 (1): 76 – 88.

[171] Gupta S. Her money, her time: Women's earnings and their housework hours [J]. Social Science Research, 2006, 35 (4): 975 – 999.

[172] Heckman J J. Effects of child-care programs on women's work effort [J]. Journal of Identityal Economy, 1974, 82 (2, Part 2): S136 – S163.

[173] Heitmueller A. The chicken or the egg?: Endogeneity in labour market participation of informal carers in England [J]. Journal of Health Economics, 2007, 26 (3): 536 – 559.

[174] Jacobs J C, et al. Caregiving intensity and retirement status in Canada [J]. Social Science & Medicine, 2014, 102: 74 – 82.

[175] Johnson R W, Sasso A T L. The trade-off between hours of paid employment and time assistance to elderly parents at midlife [J]. The Urban Institute, 2000: 1 – 40.

[176] Johnson E J, Tversky A. Affect, generalization, and the perception of risk [J]. Journal of Personality & Social Psychology, 1983, 45 (1): 20 – 31.

[177] John M K. Marriage insurance for protecting against divorce [R]. U. S. Patent Application No. 10/414, 805, 2004.

[178] Khare A, Dixit S, et al. Customer behavior toward online insurance services in India [J]. Journal of Database Marketing & Customer Strategy Management, 2012, 19 (2): 120 – 133.

［179］ Krowas J C. Time-dependent changes in gender-based promotion differences ［J］. Economics Letters, 1993, 42 (1): 87 – 90.

［180］ Kraut R, et al. Internet paradox: A social technology that reduces social involvement and psycho-logical well-being? ［J］. American Psychologist, 1998, 53 (9): 1017 – 1031.

［181］ Kumar A. Self-selection and the forecasting abilities of female equity analysts ［J］. Journal of Accounting Research, 2010, 48 (2): 393 – 435.

［182］ Landry C E, Jahan-Parvar M R. Flood insurance coverage in the coastal zone ［J］. Journal of Risk and Insurance, 2011, 78 (2): 361 – 388.

［183］ Lazear E P, Rosen S. Male-female wage differentials in job ladders ［J］. Journal of Labor Economics, 1990, 8 (1, Part 2): S106 – S123.

［184］ Lee D. The ethics of insecurity: Risk, individualization and value in British independent television production ［J］. Television & New Media, 2012, 13 (6): 480 – 497.

［185］ Lerner J S, et al. Effects of fear and anger on perceived risks of terrorism: A national field experiment ［J］. Psychological Science, 2003, 14 (2): 144 – 150.

［186］ Lerner J S, Keltner D. Fear, anger, and risk ［J］. Journal of Personality & Social Psychology, 2001, 81 (1): 146 – 159.

［187］ Lehrer E, Nerlove M. The labor supply and fertility behavior of married women: A three-period model ［J］. Research in Population Economics, 1981, 3: 123 – 145.

［188］ Lindell M K, Hwang S N. Households' perceived personal risk and responses in a multihazard environment ［J］. Risk Analysis, 2008, 28 (2): 539 – 556.

［189］ Lippmann Q, et al. Undoing gender with institutions: Lessons from the German division and reunification ［J］. The Economic Journal, 2020, 130 (629): 1445 – 1470.

[190] Lundberg S, Pollak R A. Bargaining and distribution in marriage [J]. Journal of economic perspectives, 1996, 10 (4): 139 – 158.

[191] Meng A. Informal caregiving and the retirement decision [J]. German Economic Review, 2012, 13 (3): 307 – 330.

[192] Mills M. Demand for flexibility or generation of insecurity? The individualization of risk, irregular work shifts and Canadian youth [J]. Journal of Youth Studies, 2004, 7 (2): 115 – 139.

[193] Nomaguchi K M. Change in work-family conflict among employed parents between 1977 and 1997 [J]. Journal of Marriage and Family, 2009, 71 (1): 15 – 32.

[194] Pierce L, et al. In sickness and in wealth: Psychological and sexual costs of income comparison in marriage [J]. Personality and Social Psychology Bulletin, 2013, 39 (3): 359 – 374.

[195] Rogers R W. A protection motivation theory of fear appeals and attitude change [J]. Journal of Psychology Interdisciplinary & Applied, 1975, 91 (1): 93.

[196] Rogers S J, DeBoer D D. Changes in wives' income: Effects on marital happiness, psychological well-being, and the risk of divorce [J]. Journal of Marriage and Family, 2001, 63 (2): 458 – 472.

[197] Spiess C K, Schneider A U. Interactions between care-giving and paid work hours among European midlife women, 1994 to 1996 [J]. Ageing & Society, 2003, 23 (1): 41 – 68.

[198] Van Houtven C H, et al. The effect of informal care on work and wages [J]. Journal of Health Economics, 2013, 32 (1): 240 – 252.

[199] Viitanen T K. Cost of childcare and female employment in the UK [J]. Labour, 2005, 19: 149 – 170.

[200] Wang M, et al. Are people willing to buy natural disaster insurance in China? Risk awareness, insurance acceptance, and willingness to pay

[J]. Risk Analysis, 2012, 32 (10): 1717 – 1740.

[201] West C, Zimmerman D H. Doing gender [J]. Gender & society, 1987, 1 (2): 125 – 151.

[202] Westland J C. Divorce insurance: Mitigating the adjudication period financial crisis [J]. Journal of Divorce & Remarriage, 2011, 52 (5): 271 – 308.

[203] Wieber A, Holst E. Gender identity and womens' supply of labor and non-market work: Panel data evidence for Germany [R]. Discussion Papers of DIW Berlin, No, 1517, 2015.

[204] Zerriaa M, Noubbigh H. Determinants of life insurance demand in the MENA region [J]. The Geneva Papers on Risk and Insurance-Issues and Practice, 2016, 41 (3): 491 – 511.

[205] Zimmer D M. The role of health insurance in labor supply decisions of divorced females [J]. Quarterly Review of Economics & Finance, 2010, 50 (2): 121 – 131.

后　记

本著作凝结了我在对外经济贸易大学读博期间的心血。踏入科学的殿堂，探索世界的奥秘，在贸大的沃土上，我实现了少年时的梦想。一路走来，有艰辛，但更多的还是幸福。探索未知，充满挑战，很可能会被某一个问题困扰许久，夜不能寐。探索未知，也富有乐趣，穿梭于图书馆不同楼层的书架间，"上下求索"是一种享受。感谢人世间的科学殿堂，它美好而神奇！

感谢我的导师王国军教授，他儒雅、睿智而幽默，富有爱心、耐心和包容之心，在学术上给予我充分的指导和足够多的锻炼机会，在生活上对我关怀倍加，每每遇到挫折，都会给予我无私的帮助。谆谆教诲、学术探讨、企业调研、饭馆吃饺子、一人一半的金橘……与王老师相处的时光都将成为我人生最宝贵的回忆。读博士四年的时间并不长，但我明白了一句古言：一日为师，终身为父。

感谢我的本科导师董葆茗教授，他是我的学术启蒙老师，曾经的案例教学激发了我对学术研究的兴趣，给予我的学术指导和生活帮助令我永生难忘。感谢河北经贸大学王春和教授、王胜洲教授和冯文丽教授，三位老师是我踏入科学殿堂的领路人，这份恩情，永生难忘。感谢首都经济贸易大学庹国柱教授、北京工商大学王绪瑾教授以及对外经济贸易大学黄薇教授、谢远涛教授、张冀教授、祝伟教授、王亚柯教授、孙立娟教授在我写作博士论文期间给予我指导和帮助。感谢清华大学陈秉正教授和北京大学郑伟教授给予我点拨、鼓励与支持。感谢辅导员宫照老师四年来对我的照顾。感谢师兄师姐师弟师妹在我读博期间的陪伴。特别要感谢马喜立、周新发、张祎桐、李鹏、杨泽云、孙雷蕾、关晶、胡雅倩、韩浩、刘浩宇、李嘉浩、马倩、史浩、聂颖、王静仪、李非、王昊、张悦、魏新宇等人，在你们的帮助和鼓励下，我渡过了这段痛并幸福的时光。

最后，我要特别感谢我的家人。从呱呱坠地到长大成人，从读小学到博士毕业，我都沐浴着家人爱的阳光。家是永远的港湾，给我温暖，给我力量，给我乘风破浪的底气。我深爱着我的家人！

雄关漫道真如铁，而今迈步从头越。在科学的世界，我愿做一个虔诚的行者。

高立飞

2022 年 8 月于北京